不一樣的中國史 11

楊照——著

從光明到黑暗，矛盾並存的時代

明

中國史是臺灣史的重要部分

歷史知識建立在兩項基本信念上，第一是相信人類的事物都是有來歷的，沒有什麼是天上掉下來或奇蹟所創造的；第二則是相信弄清楚事物的來歷很重要，大有助於我們分析理解現實，看清楚現實的種種糾結，進而對於未來變化能夠有所掌握，做出智慧、準確的決定。

歷史教育要有意義、有效果，必須回歸到這兩種信念來予以檢驗，看看是否能讓孩子體會、掌握歷史知識的作用。

不管當下現實的政治態度是什麼，站在歷史知識的立場上，沒有人能否認臺灣是有來歷的，不可能是開天闢地就存在，也不可能是什麼神力所創造的。因而歷史教育最根本該教的，就是「臺灣怎麼來的」。

要回答「臺灣怎麼來的」，必定預設了臺灣有其特殊性，和其他地方、其他國家不一樣，所以才需要從時間上溯源去找出之所以不一樣的理由。臺灣為什麼會有不一樣的文化？為什麼會有不一樣的社會？為什麼會有這樣的政治制度與政治狀態？為什麼會和其他國家產生不同的關係？……

所謂以臺灣為本位的歷史教育，就是認真地、好好地回答這幾個彼此交錯纏結的大問題。那麼歷史教育的內容好不好，也就可以明確地用是否能引導孩子思考、解答這些問題來評斷了。

過去將臺灣歷史放在中國歷史裡，作為中國歷史一部分的結構，從這個標準上看，有著明白而嚴重的缺失，那就是忽略了臺灣複雜的形成過程，特殊的地理位置使得臺灣從十七世紀就在東亞海域衝突爭奪中有了角色，中國之外的各種力量長期影響了臺灣。只從中國的角度，不看來自荷蘭、日本、美國等政治與文化作用，絕對不可能弄清楚臺灣的來歷。

但是，過去的錯誤不能用相反的方式來矯正。臺灣歷史不應該是中國歷史的一部分，然而中國歷史卻仍然是臺灣歷史非常重要的一部分。關鍵重點在調整如此的全體與部分關係，確認不該將臺灣史視為中國史的一部分，而該翻轉過來將中國史視為構成及解釋臺灣史的一部分。這樣調整之後，再來衡量中國史在如此新架構中該有的地位與分量。

不只是臺灣的社會與文化，從語言文字到親族組織原則到基本價值信念，和中國歷史有著太深、太緊密的連結；就連現實的政治與國際關係，去除了中國歷史變化因素，就無法理解了。硬是要降低中國歷史所占的比例分量，降低到一定程度，歷史就失去了解釋來歷和分析現實的基本作用了。

從歷史上必須被正視的事實是：中國文化的核心是歷史，保存歷史、重視歷史、訴諸歷史是中國最明顯、最特殊的文化性格。因而中國文化對臺灣產生過的影響作用，非得回到中國歷史上才能看得明白。

不理解中國史，拿掉了這部分，就不是完整的臺灣史。東亞史的多元結構無法提供關於臺灣來歷的根本說明，諸如：臺灣人所使用的語言文字、所信奉的宗教與遵行的儀式、內在的價值判斷優先順序、對於自我身分角色選擇認定的方式、意識深層模仿學習的角色模式……

歷史教育需要的是更符合臺灣特殊性的多元知識，但這多元仍需依照歷史事實分配比例，一味相信降低中國史比例就是對的，違背了歷史事實，也違背了歷史知識的根本標準。

目次 contents

第三講 近世生活——住與行

第四講 王陽明與理學新路

第五講 明代的戲曲小說

第六講 黃仁宇與《萬曆十五年》

第七講

明代的財政及其危機

第八講

新女真勢力的崛起

第九講

諸寇橫行的時代

第十講

崇禎皇帝——心理史學的分析

「重新認識」中國歷史

1

錢穆（賓四）先生自學出身，沒有學歷，沒有師承，很長一段時間在小學教書，然而他認真閱讀並整理了古書中幾乎所有春秋、戰國的相關史料，寫成了《先秦諸子繫年》一書。之所以寫這樣一本考據大書，很重要的刺激來自於名譟一時的《古史辨》，錢穆認為以顧頡剛為首的這群學者，「疑古太過」，帶著先入為主的有色眼光看中國古代史料，處處尋覓偽造作假的痕跡，沒有平心靜氣、盡量客觀地做好查考比對文獻的基本工夫。工夫中的工夫，基本中的基本，是弄清楚這些被他們拿來「疑古辨偽」的材料究竟形成於什麼時代。他們不願做、不能做，以至於許多推論必定流於意氣、草率，於是錢穆便以一己之力從根做起，竟然將大部分史料精確排比到可以

「編年」的程度。

很明顯地，《先秦諸子繫年》的成就直接打擊《古史辨》的可信度。當時任職燕京大學，在中國學術界意氣風發、引領風騷的顧頡剛讀了《先秦諸子繫年》，立刻理解體會了錢穆的用意。他的反應是什麼？他立刻推薦錢穆到廣州中山大學教書，也邀請錢穆為《燕京學報》寫稿。中山大學錢穆沒有去，倒是替《燕京學報》寫了〈劉向歆父子年譜〉，錢穆自己說：「此文不啻特與頡剛諍議，頡剛不介意，既刊余文，又特推薦余在燕京任教。」

這是個「民國傳奇」。裡面牽涉到那個時代學者對於知識學問的熱情執著，也牽涉到那個時代學者的真誠風範，還牽涉到那個時代學院重視學識高於重視學歷的開放氣氛。沒有學歷的錢穆在那樣的環境中，單純靠學問折服了潛在的論敵，因而得以進入當時的最高學府任教。

這傳奇還有後續。錢穆後來從燕京大學轉往北京大學，「中國通史」是當時政府規定的大學歷史系必修課，北大歷史系慣常的做法，是讓系裡每個老師輪流排課，將自己所擅長的時代或領域，濃縮在幾堂課中教授，用這種方式來構成「中國通史」課程。換句話說，大家理所當然認為「中國通史」就是由古至今不同斷代的中國歷史接續起來，頂多再加上一些跨時代的專史。

可是被派去「中國通史」課堂負責秦漢一段歷史的錢穆，不同意這項做法。他公開地對學生表達了質疑：不知道前面的老師說了什麼，也不知道後面的老師要說什麼，每個老師來給學生片片斷斷的知識，怎麼可能讓學生獲得貫通的中國史理解？學生被錢穆的質疑說服了，也是那個時代的精神，學生認為既然不合理就該要求改，系裡也同意既然批評反對得有道理就該改。

怎麼改？那就將「中國通史」整合起來，上學期由錢穆教，下學期則由系裡的中古史大學者陳寅恪教。這樣很好吧？問了錢穆，錢穆卻說不好，而且明白表示，他希望自己一個人教，而且有把握可以自己一個人教！

這是何等狂傲的態度？本來只是個小學教員，靠顧頡剛提拔才破格進到北大歷史系任職的錢穆，竟然敢排擠數不清精通多少種語言、已是中古史權威的大學者陳寅恪，自己一人獨攬教「中國通史」的工作。他憑什麼？他有資格嗎？

至少那個年代的北大歷史系覺得錢穆有資格，就依從他的意思，讓他自己一個人教「中國通史」。錢穆累積了在北大教「中國通史」的經驗，後來抗戰中隨「西南聯大」避居昆明時，埋首寫出了經典史著《國史大綱》。

2

由《國史大綱》的內容及寫法回推，我們可以明白錢穆堅持一個人教「中國通史」，以及北大歷史系接受讓他教的理由。那不是他的狂傲，毋寧是他對於什麼是「通史」，提出了當時系裡其他人沒想到的深刻認識。

用原來的方式教的，是「簡化版中國史」，不是「中國通史」。「中國通史」的關鍵，當然是在「通」字，而這個「通」字顯然來自太史公司馬遷的「通古今之變」。司馬遷的《史記》包納了上下兩千年的時代，如此漫長的時間中發生過那麼多的事，對於一個史家最大的挑戰，不在如何蒐集兩千年留下來的種種資料，而在如何從龐大的資料中進行有意義的選擇，從中間選擇什麼，又放棄什麼。

關鍵在於「有意義」。只是將所有材料排比出來，呈現的勢必是偶然的混亂。許多發生過的事，不巧沒有留下記錄資料；留下記錄資料可供後世考索了解的，往往瑣碎零散。更重要的，這些偶然記錄下來的人與事，彼此間有什麼關聯呢？如果記錄是偶然的，人與人、事與事之間也沒有什麼關聯，那麼知道過去發生了什麼事要做什麼？

史家的根本職責就在有意識地進行選擇，並且排比、串聯所選擇的史料。最簡單、最基本的串聯是因果解釋，從過去發生的事情中去挖掘、去探索「因為／所以」：前面有了這樣的現象，以至於後來有了那樣的發展；前面做了這樣的決定，導致後來有了那樣的結果。排出「因為／所以」來，歷史就不再是一堆混亂的現象與事件，人們閱讀歷史也就能夠藉此理解時間變化的法則，學習自然或人事因果的規律。

「通古今之變」，也就是要從規模上將歷史的因果解釋放到最大。之所以需要像《史記》那樣從文明初始寫到當今現實，正因為這是人類經驗的最大值，也就提供了從過往經驗中尋索出意義與智慧的最大可能性。我們能從古往今來的漫長時間中，找出什麼樣的貫通原則或普遍主題呢？還是從消化漫長時間中的種種記錄，我們得以回答什麼只有放進歷史裡才能回答的關鍵大問題呢？

這是司馬遷最早提出的「通古今之變」理想，這應該也是錢穆先生堅持一個人從頭到尾教「中國通史」的根本精神價值來源。「通史」之「通」，在於建立起一個有意義的觀點，幫助學生、讀者從中國歷史中看出一些特殊的貫通變化。這是眾多可能觀點的其中一個，藉由歷史的敘述與分析能夠盡量表達清楚，因而也必然是「一家之言」。不一樣的人研究歷史會看到、凸顯不同的重點，提出不同的解釋。如果是因不同時代、不同主題就換不同人從不同觀點來講，那麼追求一貫「通古今之變」的理想與精神就無處著落了。

3

這也是我明顯自不量力一個人講述、寫作一部中國歷史的勇氣來源。我要說的，是我所見到的中國歷史，從接近無窮多的歷史材料中，有意識、有原則地選擇出其中的一部分，講述如何認識中國歷史的一個故事。我說的，只是眾多中國歷史可能說法中的一個，有我如此訴說、如此建立「通古今之變」因果模式的道理。

這道理一言以蔽之，是「重新認識」。意思是我自覺針對已經有過中國歷史一定認識的讀者，透過學校教育、普遍閱讀甚至大眾傳媒，有了對中國歷史的一些基本常識、一些刻板印象。

我試圖要做的，是邀請這樣的讀者來「重新認識」中國歷史，來檢驗一下你以為的中國歷史，和事實史料及史學研究所呈現的，中間有多大的差距。

也就是在選擇中國史敘述重點時，我會優先考慮那些史料或史學研究上相當扎實可信，卻和一般常識、刻板印象不相合甚至相違背的部分。這個立場所根據的，是過去百年來，「新史學」、西方史學諸方法被引進運用在研究中國歷史所累積的豐富成果。但很奇怪的，也很不幸的，這些精采、有趣、突破性的歷史知識與看法，卻遲遲沒有進入教育體系，沒有進入一般人的歷史常識中，以至於活在二十一世紀的大部分人對中國歷史的認識，竟然都還依循著一百多年前流通的傳統說法。「重新認識」的一個目的，就是用這些新發現、新研究成果，來修正、挑戰、取代傳統舊說法。

「重新認識」的另一個目的，是回到「為什麼學歷史」的態度問題上，提供不同的思考。學歷史到底在學什麼？是學一大堆人名、地名、年代，背誦下來在考試時答題用？這樣的歷史知識，一來根本隨時在網路上都能查得到，二來和我們的現實生活有什麼關聯？不然，是學用現代想法改編的古裝歷史故事、歷史戲劇嗎？這樣的歷史，固然有現實連結，方便我們投射感情入戲，然而對於我們了解過去、體會不同時代的特殊性，有什麼幫助呢？

在這套書中，我的一貫信念是，學歷史最重要的不是學 What ——歷史上發生了什麼，而是更要探究 How and Why ——去了解這些事是如何發生的、為什麼會發生。沒有 What 當然無從解釋 How and Why，歷史不可能離開事實敘述只存在理論；然而歷史也不可以、不應該只停留在事實敘述上。只敘述事實，不解釋如何與為什麼，無論將事實說得再怎麼生動，畢竟無助於我們從歷史而認識人的行為多樣性，以及個體或集體的行為邏輯。

藉由訴說漫長的中國歷史，藉由同時探究歷史中的如何與為什麼，我希望一方面能幫助讀者梳理、思考今日當下這個文明、這個社會是如何形成的；另一方面能讓讀者確切感受到中國文明內在的多元樣貌。在時間之流裡，中國絕對不是單一不變的一塊，中國人、中國社會、中國文明曾經有過太多不一樣的變化。這些歷史上曾經存在的種種變貌，總和加起來才是中國。在沒有如實認識中國歷史的豐富變化之前，讓我們先別將任何關於中國的看法或說法視為理所當然。

4

這是一套一邊說中國歷史，一邊解釋歷史知識如何可能的書。我的用心是希望讀者不要只是被動地接受這些訊息，當作是斬釘截鐵的事實；而是能夠在閱讀中主動地參與，去好奇、去思考：我們怎麼能知道過去發生了什麼，又如何去評斷該相信什麼、懷疑什麼？歷史知識的來歷常常和歷史本身同樣曲折複雜，甚至更加曲折複雜。

這套書一共分成十三冊，能夠成書最主要是有「敏隆講堂」和「趨勢講堂」，讓我能夠兩度完整地講授中國通史課程，每一次的課程都前後橫跨五個年頭。換句話說，從二〇〇七年第一講開講算起，花了超過十年時間。十年備課、授課的過程中，大部分時間用於消化各式各樣的論文、專書，也就是關於中國歷史的研究，並努力吸收這些研究的發現與論點，盡量有機地編組進我的歷史敘述與討論中。明白地說，我將自己的角色設定為一個勤勞、忠實、不輕信、不妥協的二手研究整合者，而不是進入原始一手材料提出獨特成果的人。也只有放棄自己的原創研究衝動，虛心地站在前輩及同輩學者的龐大學術基礎上，才有可能處理中國通史題材，也才能找出一點點「通」的心得。

將近兩百萬字的篇幅，涵蓋從新石器時代到辛亥革命的時間範圍，這樣一套書，一定不可避免地含夾了許多錯誤。我只能期望能夠將單純知識事實上的「硬傷」降到最低，至於論理與解釋帶有疑義的部分就當作是「拋磚引玉」，請專家讀者不吝提出指正意見，得以將中國歷史的認識推到更廣且更深的境界。

第一講

近世後期的歷史動力

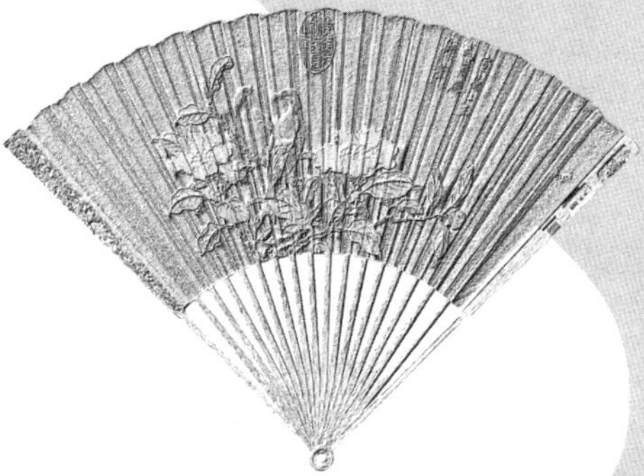

01「所有的歷史都是當代史」

義大利哲學家克羅齊（Benedetto Croce, 1866-1952）有一句經常被引用、也經常被誤解的名言——「所有的歷史都是當代史」（All history is contemporary history）。[1]很多人引用這句話，為了表現或批判歷史如何受到當代的政治意識形態，甚至是政權統治的需要而被改寫。例如，原本的「暴君」秦始皇被改寫成權力典範，原本的聖人孔子變成了大壞蛋。不能說克羅齊這句話中沒有這層意思，但他所要表達的哲學立場，其涵蓋的範圍更廣。

他要點出的是一個普遍的知識現象、一個必然。不同時代有不同的關懷，帶著自身社會的不同價值觀，一定會影響、改變看待歷史的角度，以及敘述歷史的方式，所以會講出、寫出不一樣的歷史。

從史學探究的角度還可以再補充：不同時代在研究歷史上會有不同的史料，也會具備看待、解讀史料的不同能力，如此看過去，當然會看到不一樣的歷史。這才是克羅齊整理人類經驗得到的普遍規則。

克羅齊說這句話時，西方文化裡正在積極思考「歷史」與「史學」，要重新定義什麼是「歷史」。十九世紀因應歐洲知識大爆炸，歷史概念也得到了大幅擴張。過去的人寫下來的歷史不是歷史的全部，留下來的文獻記錄也不是歷史的全部。歷史是過去人類經驗的總和，這是十九世紀出現對於歷史的最大範圍定義。

後來的人絕對不可能完全重建、完全掌握歷史。不同時代的不同的人，會從這全幅、近乎無窮大的歷史範圍中，選取出自己認為有意義的一小部分，建構為這個時代的歷史知識。既然是選擇，而且是從近乎無窮大之中選出極小極小的部分，那麼當然每個人、每個時代選擇的都不一樣，都有不一樣的選擇原則與選擇標準。所以每個時代寫出的歷史都是「當代史」，也就是依照這個時代的原則與標準選取出來的。

如此擴張後的全幅歷史觀念，在十九世紀之後，引導人們去關心檢討第二序、後設的問題。意識到不同時代的人以不同的方式寫歷史，這是從古時就一直存在的現象，於是回頭讀以前的人所寫的歷史書，我們就可以問、也忍不住要問：他們是基於什麼樣的時代意識、時代價值而寫出這樣的歷史？

過去覺得歷史就是歷史，不管哪個時代寫的歷史，我們都扁平、一致地看待。東漢的人寫西漢歷史、南朝的人寫西漢歷史、宋朝的人寫西漢歷史、清朝的人寫西漢歷史，對我們來說都是西

1 可參考〔義〕貝奈戴托．克羅齊著，傅任敢譯，《歷史學的理論和實際》（*History, Its Theory and Practice*）（北京：商務印書館，一九九七年）。

漢歷史。重點在「西漢」，而不必理會是什麼時候的人寫下來的；我們關心的是被記錄、書寫的西漢，而不是寫下這些記錄的不同時代。

新的歷史定義與觀念讓我們改變了眼光。我們開始去探索：這些不同時代對於西漢的說法有什麼不同？為什麼會產生這樣的不同？反映了這些時代什麼樣的「當代」信念或需求？

也就是過去不管任何時代寫的西漢歷史，我們只注意西漢，現在發現我們可以、也應該透過宋朝人寫西漢來理解宋朝，從清朝人寫西漢來理解清朝。於是不再是單層、扁平的時間，而是多層、立體的時間。

02 「下層結構」決定了「上層結構」

十九世紀到二十世紀，因而和其他知識領域一樣，在西方相應出現了歷史大爆炸的現象。許多新鮮的角度、看法、評斷被提出來，持續挖掘出以前沒看過、沒注意過的歷史面向。

其中很重要的一個新角度、新看法是「唯物史觀」。「唯物史觀」最主要的突破就在於區分「下層結構」與「上層結構」，提示並律定了「下層結構」和「上層結構」之間的關係。

「上層結構」指的是政治、制度、文化、藝術、思想等等，「下層結構」則是由生產技術和生產組織所構成的經濟活動。過去的歷史絕大部分將焦點放在「上層結構」，視之為歷史的重心，也是一般人對歷史最有興趣的部分。然而「唯物史觀」卻舉證歷歷地主張，「上層結構」其實並不具備獨立自主的性質，而是隨著「下層結構」而變動的。說得更極端些，是「下層結構」決定了「上層結構」。

有什麼樣的生產方式，用什麼樣的方式組織生產，這是根柢。為了要維持這樣的生產組織，所以才會有政治制度，也才會有在這種政治制度中活動的帝王將相，才會有反映並加強統治權力與生產組織狀況的文化、藝術、宗教信仰。於是過去我們只看「上層結構」，記錄並解釋政治、文化、藝術、宗教信仰等各方面的變化，卻忽略經濟生產，毋寧是荒唐的。政治、文化、藝術、宗教信仰不是從自身領域出現變化的，很大部分是來自經濟生產變化的連動，或者用來合理化經濟生產變化。所以必須從「下」而「上」，才能真正看清楚歷史變化的來龍去脈。

過去大家認為歷史的主體，即歷史中最重要的，是皇帝做了什麼，他建立了什麼樣的制度，以及一位思想家、哲學家怎麼想，一位貴族如何過生活，如何和其他貴族同僚互動。以為只要知道這些，就等於理解了歷史。

馬克思將這些現象稱為「上層」，那個「上」（Super- 或 Supre-）主要取其「表面」，甚至「膚淺」（superficial）的意思。在歷史上很容易看到，就被誤認為很重要，但那其實是「果」而不是「因」，真正重要的驅動力量藏在底下。要認識歷史如何變化，必須往下看到「下層」，弄清楚由經濟生產所構成的「下層結構」。

馬克思的「唯物史觀」在歷史研究上開啟了兩條道路。首先，讓我們將注意力從歷史中快速變化的人與事上移開，去注意變動比較慢的現象。尤其是用「結構」來分類主要的領域，很明顯重視不容易變化的，遠勝於容易變化的。如此改變了歷史研究的時間觀和時間規模尺度。

一位帝王的一生不過幾十年，就像拿破崙真正活躍在歷史舞臺上只有十幾二十年，相對地，經濟生產方式及其組織卻需要更久的時間才能改變。工業化需要上百年時間，資本主義發展花了幾百年時間，封建莊園制度的建立也花了幾百年時間。馬克思提醒，那些過去我們急於去記錄、理解的炫目現象，變化那麼快、那麼熱鬧，正因為是表層的浮花浪蕊，是底層更根本力量和作用的浮顯罷了。

其次，「唯物史觀」將時間、歷史賦予「結構」。歷史並不是在時間中不斷接續淌流而已。歷史和時間的關係變得更立體，有著不同的層次，以不同速度變化的不同層次之間的關係，成為史學中最新的探究題目。從十九世紀中葉一路延續到二十世紀後期，許多人都在努力將歷史結構化，提出新的架構來理解歷史。

03 學歷史不能不懂多層次的時間尺度

這波「歷史結構化」運動發展到巔峰，出現了法國的「年鑑學派」（École des Annales）。他們的名字源自於一本期刊——《經濟社會史年鑑》（*Annales d'histoire économique et sociale*），從期刊名稱就可以清楚看出馬克思主義的色彩，要從社會、經濟的角度探索歷史。在發展過程中，他們將馬克思開啟的歷史結構觀進行了有效的細膩劃分。

「年鑑學派」提出了「長時性」的觀念，指稱那些變化很慢、因而以往被當作與歷史無關的因素。「長時性」的「長」，主要是和人的壽命相比。人的意識當然受到自然生命左右，對於活著的一生能經歷、能記憶的，人們會習慣性地賦予較大的意義，以至於忽略、貶抑了所需時間超過人壽，無法從感官和記憶自然去察覺、領受的改變。

「年鑑學派」要排除這種時間尺度的偏見，要看到七十年、一百年尺度中好像不會變動的現象，這仍然屬於歷史，對歷史有著很重要的影響。以不同的變化速度，歷史可以分為幾個層次。第一層，變化最慢的，是地理、地形、氣候等等，其時間尺度是幾千年，甚至幾萬年。這和歷史無關嗎？怎麼可能！這些緩慢變化的條件決定了農業如何出現，決定了農業生產力足以支持什麼樣的社會組織與文明成就。例如「小冰河期」使得人類居住的主要地區氣溫不斷下降，生產被破壞了，引發人口的大遷徙，造成許多政權的危機乃至傾頹。

地理、氣候直接聯繫到人口。歷史中大多數時間，人口不會急速變化，而是以緩慢的速度增加或減少。和人口連動變化的是人口的分布，這就和交通、貿易、城鎮等環境條件有關。這是第二層的變化時間。

第三層是廣義的社會組織，也就是人與人發生關係、組成團體的不同方式和不同原則。很少有人能夠自己主動去構造一套完整的人際關係，主導自己所屬的人群團體。我們都是一出生就已經屬於以某種方式、原則所形成的社會組織中，要不然也很難得到支援，順利長大成人吧。這種組織必須以集體的形式變化，也有自己的變化速度。

在這個上面的第四層，才是個別的人主觀可以控制、與行為有關的變化，包括如何奪取與運用權力，如何遂行統治或謀劃叛變，也包括如何進行各種思想與文化上的創造。

很明顯地，傳統上以帝王將相的所作所為，頂多加上文學家、藝術家的所作所為當作內容的歷史，在這個架構中只屬於第四層。孤立地看這一層，缺少了其他不同時間尺度與層次的認識，就無法真切地看清楚變化的全貌，也就看不清楚變化的真相。

「年鑑學派」基本上還是依循馬克思的「上層」、「下層」分野，但進行了更仔細的區劃。而且他們特別強調各個層次的劃分不是絕對的，重點不在將各個層次區分開來，而在於觀察、討論各個層次間的互動。歷史是由不同速度的變化彼此互動影響而形成的。歷史有很大的時間尺度範圍，不應該停留於只固定看一種時間尺度的變化現象。

「年鑑學派」中的史學名著，像是布勞岱爾（Fernand Braudel, 1902-1985）寫的《菲利普二世時代的地中海和地中海世界》，或是《十五至十八世紀的物質文明、經濟和資本主義》三部曲，書的開頭都是從地理環境寫起的。又如布勞岱爾討論史學觀念與史學方法的《論歷史》，其中也有很大的篇幅專門討論地理學。學歷史的人不能不懂地理，更重要的，不能不懂多層次的時間尺度。

不同變化速度的層次，彼此有複雜的牽連，是我們研究歷史時應該要悉心關注的。例如，有的城鎮因為貿易連動造成社會組織改變，但也有不同的情況，使得同樣的社會組織中卻能支撐大幅度的商業活動增長。這沒有標準答案，更不能想當然耳地套公式來理解。這是需要認真看待的歷史課題。

04 無法當故事講的，是歷史的大段落

一、兩百年的「歷史結構化」知識潮流，當然也衝擊著研究中國歷史的方式，形成了不同的問題，因而探究出不同的答案。

過去所認識的中國歷史，幾乎都集中在最上層、變化速度最快的部分。例如，詳細地陳述哪一年劉基給了什麼建議、朱元璋做了什麼事，卻很少描述明朝傳承了什麼樣的制度，又進行了什麼樣的改革，新建立的官僚組織是怎樣的性質，與當時的社會結構有怎樣的關係。當然，也就更少觸及那個時代的普遍價值信念與思想模式。

從「歷史結構化」的衝擊中看去，可以很清楚地看到，傳留下來的中國歷史知識，只占了我們應該要探究的歷史領域中很小很小的一塊。在此之外，存在著有待去開發、甚至在過去一百年內已經開發且有了初步成績的廣大範圍。我們當然應該放寬眼界，離開原本的狹隘觀念，重新認識更廣、更深的中國歷史。

一九四九年之後，中國大陸長期以「唯物史觀」為官方意識形態的指導原則。幾十年間，徹底以「唯物史觀」改寫中國歷史，專注於從底層、從社會階級結構的角度看中國歷史。過程中無可諱言地，產生了許多教條僵化的內容，生硬地套用概念，嚴重缺乏實質的史料對應，也產生了許多「主題先行」、枯燥到難以卒讀的樣板文章。

進入二十一世紀後，「唯物史觀」的意識形態鬆綁了，於是從學院研究到歷史普及讀物，在風格與性質上都出現了大幅變化。最令人驚訝的，是「唯物史觀」退潮之快、之徹底。一下子不只是幾乎沒有人繼續以「唯物史觀」看歷史、解釋歷史，而且還一窩蜂地返回到傳統帝王將相式的歷史關懷，蔚為流行。

對我來說，這真的像是倒洗澡水時連桶裡的小孩也不要了。走到極端，大家都對馬克思主義沒興趣，也不再接觸「唯物史觀」。戲劇裡呈現的歷史變成「宮鬥」，可以完全沒有一個平民老百姓，暢銷歷史書處理的對象是曹操、司馬懿之流，又回到似乎就是由這些大人物來主宰、決定歷史的價值觀。

這樣太可惜了吧！不只在臺灣愈來愈少人在意中國歷史，就連在大陸，對於中國歷史的認識也在走回頭路，放棄曾經開發出的豐富面向，縮回只有人物、只有短時變化，可以當故事講、當戲劇演的那個小小領域。

無法當故事講、當戲劇演的，是歷史的大段落、大結構。例如中古史和近世史的根本差異，還有近世前期和近世後期的斷代道理。

唐末五代終結了中古，宋代開啟了近世，關鍵差異在於中國的社會組織。宋朝之後，原本握有龐大資源、影響力甚巨的世家貴族消失了，從原本「皇權—世家—人民」的三層結構，改造為「皇權—人民」的上下雙層，不再有任何的力量橫隔在皇帝統治權力與一般升斗小民之間。

皇權帶著官僚體系，直接壓在廣眾的庶民身上，中間不允許有任何團體、任何組織存在。近世史的一項主題，就是如果有任何勢力看起來有機會形成類似過去世家大族般的中介力量，就會被朝廷視為危險的、應該壓制的對象，並想辦法予以消滅。

在中古時期，世家大族的勢力建立在莊園經濟的基礎上。一旦世家大族消失了，連帶地自給自足的莊園經濟也就徹底沒落，於是許多無形的界線被打破了，促進了近世社會交通、貿易的開放與成長。

沒有了世家貴族，也改變了人們如何看待皇權的基本態度。簡而言之，「天高皇帝遠」的態度不再能夠維持。皇帝、皇權透過由中央到地方的官僚體系，直接管轄每個人，皇帝不可能距離遙遠。所以士人文化興起，一頭連結皇權，參與官僚運作，「與皇帝共治天下」；另一頭則直接扎根於庶民社會中，因為每個士人都從民間來，藉由科舉才進入官僚體系。其士人身分及身而終，後代子孫仍然是平民身分，除非他們自己也能夠考試中舉。

05 被新世界體系編納在邊緣地帶

那麼近世史又如何、為何要分成前期和後期呢？

近世前期與近世後期的一項重要分野，不是由中國自身的歷史變化決定的，而是牽涉到歐洲歷史與全球變化。那就是十五世紀之後，歐洲開始了波瀾壯闊、現象驚人的「大航海時代」，不只開啟了完全不一樣的東、西方接觸，同時還造成了東、西方勢力的大逆轉。在幾百年的過程中，從原本東方領先西方，逆轉為明顯地西方領先東方，並且以帝國主義的形式，用西方力量壓制東方，甚至徹底改造東方。

這是一段漫長的過程，愈到後來，從西方傳來的壓力愈大，衝擊也愈大。一般敘述這段歷史，都將焦點放在一八四〇年（鴉片戰爭爆發），那是帝國主義明確地侵略中國的開端。然而如果以近世後期，也就是從明朝成立到一八四〇年之前，作為一個有意義斷代的話，我們會發現，要理解西方帶來的影響，應該要回溯到十五世紀。自十五世紀開始，從海上而來的歷史力量，就已經開始在中國起作用、在改變中國了。

十五世紀之前，中國人長期穩定地處於以中國為中心的自我世界裡。即使被編入龐大的蒙古帝國之中，居住在中國的人，一方面仍然不太能感受到中國以外的地區存在，不覺得也不需要和伊兒汗國、金帳汗國有什麼關係；二方面蒙古大汗待在中國，中國還是蒙古帝國的中心。

然而從十六世紀開始，中國的這套文明秩序，逐漸被以歐洲為中心的新世界體系吸納進去。中國不僅不再是獨立的一套系統，還被新世界體系編納、置放在邊緣地帶。

這裡牽涉到美國社會學家沃勒斯坦（Immanuel Wallerstein, 1930-2019）的「世界體系」理論。[2] 雖然地球的存在是個物理性的事實，人類都居住在同一個地球上，但絕大部分的歷史時間中，不同的人在各自的區域活動，彼此隔絕，劃分成好幾個不同的世界。

2 可參考〔美〕伊曼紐爾·沃勒斯坦著，郭方、劉新成、張文剛譯，《現代世界體系》（*The Modern World-System*）全四卷（北京：社會科學文獻出版社，二〇一三年）。

到十五、十六世紀，以全球為範圍的世界才開始逐漸形成。這個世界體系是以「西方興起」的方式形成的，也就是原本僻處於歐亞大陸一角的力量，透過大航海活動，積極且快速地向外擴張，將愈來愈大的區域捲入其體系中。

這個體系最大的特色是以海洋為通路。過去人類經驗中，海洋向來都是阻礙，卻在此時、此文明系統中被逆轉為無所不到的交通管道。由面向陸地轉為面向海洋，大幅增加了交流影響的範圍與速度。美洲新大陸的作物傳到歐洲，又從歐洲傳到東亞，只花了不到一百年的時間，如此形成了過去無法想像的廣大連結力量，終至將整個地球聯繫在同一個世界體系裡。

中國和新世界體系最早的連結是透過三種作物——甘藷、玉米和馬鈴薯。這三種作物從海上傳入中國，是西方大航海時代的連鎖反應，先從美洲新大陸傳入歐洲，再從歐洲傳到東亞。

絕對不能小看這幾項作物的全球性影響力。今天去到美國的波士頓，還能看到不少愛爾蘭裔的聚居地，光從他們特殊的姓氏就看得出來。而波士頓的警察單位，到現在仍有很多愛爾蘭裔與義大利裔的成員。為什麼會這樣？因為波士頓警察制度的建立，正好和愛爾蘭大移民潮同時。

愛爾蘭大移民潮的起因是農產歉收引發的大饑荒，吃不飽的難民只好牽親引戚逃到新大陸找生路。而愛爾蘭的饑荒主要是馬鈴薯歉收造成的。這個時候，愛爾蘭的農業高度依賴馬鈴薯，幾乎變成馬鈴薯單一作物的生產型態，以至於馬鈴薯歉收就釀成了全國性無法救治的大災難。

那愛爾蘭人為什麼不分散耕種多種其他食糧作物，如此集中生產馬鈴薯，給自己製造這般痛苦困境，導致上百萬人倉皇離開家鄉，甚至遠走北美新大陸？因為馬鈴薯太有用了！

馬鈴薯很容易種、很容易長，對於土壤、雨量等自然條件的要求不高，還可以在較為乾燥的地方種植。馬鈴薯比小麥好種，營養成分又比小麥完整。於是馬鈴薯傳入愛爾蘭之後，其明顯的優勢就排擠了其他的食糧作物。單一作物占據大比例的耕地面積，萬一有任何病蟲害因素使得馬鈴薯無法正常採收，那麼整個愛爾蘭的民生基礎就會受到嚴重威脅。

甘藷、玉米、馬鈴薯進入中國，相較於原有作物具備的優勢，是可以在無法生產食糧的荒地上種植。明朝建立之初，國家核心政策之一是積極墾荒。這符合朱元璋希望人民「務本」、從事農業並留在土地上的價值觀。除此之外，還有元朝遺留的因素。明朝承接在一個由游牧民族所建立的朝代之後，因而會刻意凸顯元朝因為忽視農業所造成的失敗。明朝對元朝重要的指控，解釋元朝滅亡的原因，就在於他們不了解農業，造成農業退化，人民流離失所。

朱元璋所頒發的墾荒詔令，特別強調「荒」的存在與元朝失政之間的關係。如此建立了明朝的立國原則，往後的每位皇帝都要表現對於墾荒、對於發展農業的重視。

06 朱元璋的墾荒政策和《魚鱗圖冊》

洪武元年，朱元璋的詔令宣告，若有荒閒土地，准許人民自由開墾，開發耕種了就當作自己的田產。要是原來的主人回來了，這時候地方官府就得另外找一塊附近的荒田交換給原主，讓原主也去墾荒。

與此同時，還進行合理的土地分配。依照墾荒的能力與成績，一個人能夠開墾多大一塊地，就讓他永久占有多大的地；本來的地主回來，不需要還他等量的土地，而是看他帶了多少人，有多大能力墾荒，才換給他多大的土地。

這是收拾元末戰亂局勢的一種方式，然後將新形成的土地所有權登錄在《魚鱗圖冊》裡。因為是劃出一塊塊土地，在上面書寫所有權人及相關資料，每一頁看起來就像魚鱗般一片一片地密密分布，所以叫做《魚鱗圖冊》。

《魚鱗圖冊》在統治上大有用處，中國傳統的國家財政收入主要來自農業，但稅賦不容易有完整明確的資料，隨著時間經常出現許多逃避徵收的漏洞。《魚鱗圖冊》以圖配文，上面詳實登記土地相關數據，如面積、等級、稅額，還有清楚的土地所有人資料，就成為國家稅收最重要的依據與保障。

鼓勵墾荒，再將墾荒土地嚴格登記在《魚鱗圖冊》中，《魚鱗圖冊》的內容不斷擴張，涵蓋的範圍愈來愈廣，朝廷對土地的掌握也就愈完整、愈嚴密。有效控制之下的土地資料，是近世後期政治、社會關鍵的安定力量。

朱元璋的另一項政策是提升佃農的地位。在近世前期的宋朝，地主對於佃農擁有很高的主宰權，《宋律》中就規定，地主殺了佃農只要賠償五十兩，並負責埋葬；到了明朝的律法中，取消了這樣的特殊關係，地主殺佃農就是殺人，以一般殺人罪來處罰。

朱元璋又特別在「皇誥」中宣告，佃農與地主的行為規範，其標準按照一般輩分關係。也就是佃農將地主視為長輩，依照晚輩對待長輩的方式來面對地主。這就減少了佃農與地主間的不平等距離，更重要的，是將地主與佃農的關係納入親屬禮儀系統中。

這份「皇誥」中另外申明：如果地主、佃農之間有親屬關係，那麼親屬之儀有優先性。如果佃農是地主的表叔，那麼地主仍然要以姪兒之禮待之。親屬原則凌駕在主佃經濟關係之上。

可以想見，如果沒有後來引進了甘藷、玉米、馬鈴薯等作物，即使在朱元璋的這項政策堅持下，墾荒仍然有其限度。新的作物大幅延長了墾荒政策的推行時間及推行範圍。

07 屯田、重視家族帶來的人口動能

在明代，有三種不同的屯田做法。第一種是「民屯」，朝廷將「狹鄉」——人口密度較高地區——的人搬遷到空地、荒地較多的地方。「民屯」在史書上留下許多記錄，例如洪武四年就有一萬七千兩百多戶、將近十萬人口的大遷徙。

要能動員這麼多的人口進行遷徙，很明顯一方面牽涉到朝廷的巨大權力，另一方面則反映出人民的弱勢。只有在近世的社會條件下，朝廷權力直接壓在人民之上，沒有任何中介緩衝，人民才會乖乖聽話，要他們去哪裡就去哪裡。

其次，動員遷居是一回事，能讓搬過去的人留著是另一回事。屯居的人願意留下來，也就表示取得了新的農業技術，人們可以在之前的荒地上種出作物，有把握得到溫飽。

「民屯」之外還有「軍屯」。明代的軍事體制不再依賴民間服役，而是另行維持了一支龐大的常備軍。其方式就是讓這些軍戶保有半農半兵的身分，平常不打仗、不出征時，就在土地上進行生產。在「軍屯」土地上的耕種收穫，不只要在平時養活部隊，最好還有餘糧可以貢獻給朝廷支配。

不過這樣的計畫後來發現太樂觀了。「軍屯」分配到的土地品質通常不佳，士兵又難免要被調動去防邊、守衛，在這種情況下，能夠達成開荒的效果就已經很不錯了，不太容易再有更高的期待。

還有第三種是「商屯」。「商屯」衍生自《不一樣的中國史》第十冊中講到的「開中制」。要將農業富庶地區的產物老遠運送到邊境去，路程太遠，耗費也太大，所以就規定只要能將糧食在邊境繳納，就可以換取鹽券，到南方去換鹽。如此一來，鼓勵了商人到邊境附近招人墾荒生產，可以省下運輸成本。於是在「開中」繳交糧食附近地區的荒地便獲得了開墾。

各種不同的做法都使得農業生產面積擴張，並且有連帶的人口效應。再加上朝廷對於家族親屬關係的重視，又增添了人口動能。

中國社會沒有強烈的宗教傾向，最主要源自很早就建立起以家族傳承來解決死亡焦慮的觀念。家族是比個人更重要的存續單位，有了子孫，就能夠保障不斷的祭祀，給了中國人最大的安慰與滿足。不過在壓抑死亡焦慮的同時，卻升高了對於「無後」的焦慮，轉移了焦慮的理由。也因此，看待有兒子傳宗接代這件事，在中國的家族系統中取得了近乎宗教的重要性。愈是重視家族的時代，對於多生兒子、確保家族傳承就愈講求。

明朝就是這樣的時代，而且這份社會價值還一直延續到清朝。生愈多小孩愈好，不只是家族內部的價值觀念，還延伸為政治良莠的標準。地方官被稱為「父母官」，最直接的統治關係被親屬化了，連帶地「父母官」的基本責任就是要讓人民「富庶」。「富」是有錢，可以過好生活；「庶」指的是人口眾多，追求家家戶戶都能生養很多小孩。

一個人口減少的縣，不會是施政上成功的地方。在任時能夠促進縣內人口增長，相對地在政績上是被公認的重要成就。

多重因素加在一起，促成了近世後期在人口增加幅度及速度上的特殊發展。從一四〇〇年到一九〇〇年，這五百年間，中國的人口很可能成長了五倍。五倍還不是最驚人的數字，從絕對數量上看，這五百年間，中國大約增加了三億的人口，從一四〇〇年時不到一億，暴增為一九〇〇年時的四億到四億三千萬。

08 城鄉分野、地域主義到省籍觀念

在這塊土地上，要多居住三億人，當然會帶來方方面面從經濟生產到社會組織的變化。這段期間的人口增加，對中國的南方和北方帶來了不同的影響。在農業生產上，北方長期落後南方，而且差距愈拉愈大；不過到了近世後期，這個趨勢有所改變，北方農業得到了恢復、成長的新契機。北方開始廣泛種植「土豆」（馬鈴薯），先是作為補充小麥的作物，之後不斷提升其重要性，到達幾乎和小麥同等重要的地步。另外又有玉米，其生長條件和高粱相近，卻比高粱

易產且多產，也就逐漸部分取代了高粱。

這些並不是中國傳統的作物，地位較低，正好促成了北方地區人口的復甦與成長。在南方，原先因灌溉條件不足而無法生產稻米的土地，近世後期也紛紛改種甘藷。本來不適合農耕的土地，被開闢出來種甘藷，靠著甘藷收成養活了新的聚落。於是無論在北方或南方，都出現了傳統農業區與新墾區的分化現象。

這是很特殊的社會分化，在歷史社會學上被稱為「無身分垂直劃分的分化」。意思是隨著農業收穫，食糧的種類與價值得以區別出不一樣的住民身分，但受到朝廷統治權力的壓抑，這種身分區別不是以社會地位高下來表現的。

朝廷不會允許出現新的大地主、新的貴族階層，然而財富差異還是會找到一種形式來表現，於是城鄉分野就帶上這種區別的意味。近世後期城市普遍與繁榮的程度，遠遠超過近世前期，有著人口高度成長的根本原因，還要附加上價值意義。

住在城市裡，成為沒有身分的身分，因為在城市中最特別的是擁有鄉間不會有的奢侈縱樂。將大筆金錢花費在奢侈縱樂上，是明代最主要的財富顯現與利用方式。這個時代財富換不到政治權力，不可能像中古時期那樣去創建一種高度表演、炫耀性質的貴族文化。財富甚至不能在鄉間購買大量土地成為莊園，因為從地方政府到中央朝廷都對大地主投以敵意、監視的眼光。

財富留在鄉間完全無用武之地，只能拿到城市中開銷。居住在城市這件事本身就有了區隔作用，讓沒有足夠金錢可以到城裡花費的人感到羨慕。城市是個人與人聚居、大家容易看到彼此的緊密空間，刺激產生了炫耀性消費的動機。

城市的個性徹底改變了。最早是軍事防衛與政治權力中心，到了近世，「市」的功能超越了「城」，城市扮演著交通與貿易中心的角色；再到近世後期，城市的消費性格又凌駕在單純的交易買賣之上。

近世後期，城與鄉的差距愈拉愈大。不只是貿易繁榮的程度，還包括心理上的區分距離。過去的城市還能發揮鄉間的人與物集散的功能，到了明代之後，這方面愈來愈不重要。城市裡的行業愈來愈多就是為城市居民服務，尤其是提供他們奢侈縱樂的，格外凸顯、也格外發達。

鄉間另外發展出小型的市集，不再進入城市的交易網絡中，城市逐漸轉化為絢麗、壯觀的現象，突出又孤立在相對貧窮、乏味的四鄉之間。這種拉大了的城鄉差異，又影響到思想與價值觀，使得城市居民有著愈來愈高漲的獨立感受，刺激產生了中國傳統中少見的個人主義態度，強調與眾不同的行為，並且以誇張、帶有炫耀表演性的方式呈現。

城市裡的個人主義思想不可能傳遞到鄉間去。鄉間的變化走的是完全相反的方向，從強調家族擴大為地域主義，最清楚反映在「省籍」觀念上。

「行省」是元朝地方分權下的產物，剛形成時帶有高度的任意性，很多區劃和傳統中國的「州」不一樣。但在明、清鄉間的地域主義影響下，「省」逐漸超越原來的「地望」概念，成為一般人重要的認同。「省」取得了特殊的風土意義，「省籍」差異也製造出中國社會根深柢固的刻板印象。

例如食物上有了「菜系」的概念，以「省」為分界，強調不一樣省籍的人不只吃不一樣的食物，還有不一樣的烹調方式、不一樣的口味偏好。連帶地不同省籍的人說話與性格都有著明顯的劃分，進而同省籍的人形成最大的「我群」，同時區別開「外省」的「他群」。

09 舊典範支應不了的困窘與無能

人口的快速增長，也給官僚體系帶來了巨大壓力。官僚規模與人口的比例關係一直在改變，無論官僚如何膨脹，都趕不上人口增加的速度。而且不只是全面的比例問題，還有更嚴重的分配、分布問題。

人口會有高度成長的多是原本的荒區，也就是沒有太多人、太多資源的地方，原本也不會得到朝廷與整個行政體系的注意與重視。這種地方一旦開發了，就成為官僚體系中最難處理的麻煩。事情一多，需要有能力的官吏去處理，卻因為等級低而大家都不願去。官府的規模、資源和實際的狀況對應不上，隨著人口增長而愈差愈多，累積成難以治理的陳痾。

另外的棘手問題也出現在城市治理上。大批人口集中於城市，各種新鮮事物層出不窮，加上奢侈縱樂的行業盛行，以及湧動中誇張、不馴的個人主義價值觀，使得城市裡的繁榮帶有高度的治安危險與威脅。由量變到質變，城市擴張、繁榮到一定程度，就幾乎腐化、敗壞了官府的管理運作。

五百年內，這套官僚系統要由統治一億人變成統治四億人，而且過程中還得不到任何社會中介組織的穩定協助。沒有貴族莊園，甚至也沒有自主的地方組織，原本宋代的宗祠、義田、義學等，到了明代都被進一步壓縮其功能，要求只能用於協助同姓子弟讀書和準備科考。於是所有的民間問題，都只能由朝廷來解決。朝廷的壓力愈來愈大，累積的問題卻又使得能有的調整改革時間愈來愈少。

既有的政治組織只能不斷地縫縫補補、湊合著用，頭痛醫頭、腳痛醫腳，而且常常是挖東牆補西牆。從明朝進入清朝，雖然中間有些逆轉曲折，但整體上是朝向政治體系龐雜、扭曲、失能的方向變化。

到了十九世紀西方勢力大舉入侵時，我們看到的是中國政治其實處於一種舊典範支應不了、搖搖欲墜，卻遲遲無法得到新典範突破的困窘狀況。西方帝國主義勢力更進一步惡化了這套政治體系的無能尷尬，同時帶來了全新的思考與刺激。然而不幸地，這些中國迫切需要的政治新思考、新觀念，卻挾著西方對中國的高度屈辱衝擊而來，於是產生了強烈的反感與排斥心理。結果是持續延長早已搖搖欲墜的舊體制，無法提早進行改革，終至一切糜爛。新中國必須在徹底瓦解的廢墟上，耗費更多的時間摸索著重新站起，付出了極高的代價。

一九〇〇年八國聯軍入侵時，出現了「東南各省自保運動」，這是省籍認同、區域認同發展到極點的結果；一九〇五年廢除科舉，原本準備藉由考試進入官僚體系的人，只好轉型為地方鄉紳，在地方上形成了各種自主組織，分走、甚至取代了官僚體系的功能。至此，近世社會最重要的特色——朝廷權力直接統治百姓，沒有強大的中介階層——消失了。

中間出現了各省的強烈認同，加上雨後春筍般冒發出來的各種地方組織，自主力量愈來愈大，這就不再是近世中國的社會圖像了。

用這種方式大致走過一趟「近世後期」幾百年的歷史旅程，或許大家會注意到，其中幾乎沒有提到任何人名，可能朱元璋是唯一的例外。我們可以如此看歷史、談論歷史，歷史有比個別帝王將相的所作所為更寬廣、或許也更重要的內容。

第二講

近世生活——食與衣

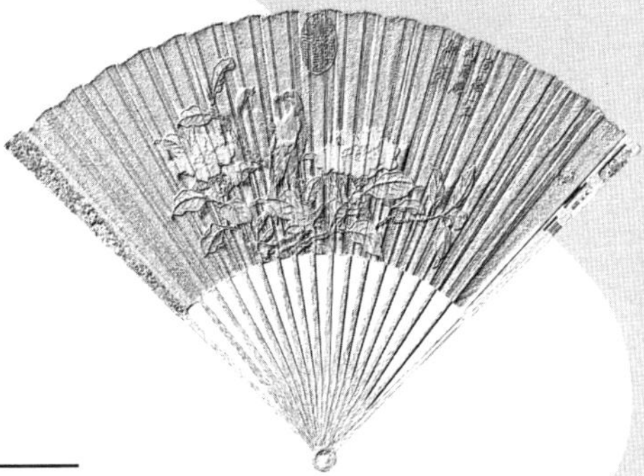

01 賺錢卻不能花，西方資本累積的動機

近世後期相較於近世前期，人口大幅增長、商業更加繁榮發達、經濟規模擴大，那麼即使富人一直維持人口中的固定比例，其絕對人數也必然比以前多得多。何況在經濟膨脹的過程中，商業的作用最大，商業累積的效果必然造成財富分配不平均，就使得有錢人的比例不斷提高。

從商業上獲取的財富，在中國社會遭遇到的一個問題，是沒有固定、合理的處理辦法。之所以稱作「資本主義萌芽期」，和西方近代資本主義最大的不同之處，就在於沒有必然將賺來的錢化為新的資本、持續增加投資的行為準則。商業和工業所需的資本規模不同，更重要的，並不存在西方文化中的那種「浮士德精神」[3]，視持續、盡量的擴張為理所當然的態度。

賺錢是一回事，花錢是另一回事，賺了錢的人不必然就知道該怎麼花錢。花錢比賺錢帶有更高度的社會性和集體性，不同社會、不同文明有不同的價值觀，規範著如何運用財富。

德國社會學家韋伯（Max Weber, 1864-1920）的名著《新教倫理與資本主義精神》（*The Protestant Ethic and the Spirit of Capitalism*）追索歷史上為什麼會出現「資本主義」，書名中刻意凸顯「基督新教」，確立了「資本主義」是特殊、特定的歷史現象，只出現在西方，而且主要發源於信仰基督新教的地區。財富分配不均、或財富集中累積，是人類社會的普遍現象，可是西方

近代出現的「資本主義」卻呈現完全不一樣的運用財富方式，這就不是普遍的了。

過去解釋「資本主義」，都視之為一股強大的世俗求利傾向所造成的，和宗教對立，甚至腐蝕、動搖了宗教的權威與統治。然而韋伯卻從歷史中爬梳出一個驚人的現象——資本主義的起源帶有高度宗教性，和當時最虔誠的信仰有著密切關係。

韋伯追索到新教中的「喀爾文教派」，其教義的核心之一是「預選說」，認定上帝既然是全知全能的，那麼究竟人會上天堂或下地獄，必然早在上帝全盤的知與能之中。上帝不可能不知道一個人的死後終極去處，還要等待人的不同行為來給祂答案。這項信念徹底改變了過去天主教會要人行善、要人悔改，甚至要人買「贖罪券」以便得到上天堂機會的教誨。喀爾文認定，人沒有資格和上帝討價還價，不可能靠自己如此渺小有限的行為影響上帝的決定，那麼誰上天堂，當然是「預選」好的。

如此一來，問題就變成：人如何能知道自己是不是「選民」？這形成了深刻又難以排解的焦慮。在新信仰的刺激下，人們追求世間成功，以辛勤努力來證明自己應該是上帝預選可以上天堂的，如此平息心中對於死後去處的高度焦慮。可是成功帶來了財富，依照他們的信仰，又絕對不

3 《浮士德》（*Faust*）是世界級文豪歌德（Johann Wolfgang von Goethe, 1749-1832）最著名的詩劇，劇中借中世紀一位煉金術士浮士德來託喻西方文化中那種不甘墮落、永不滿足的追求精神。

能將財富花在欲望享受上，因為那會反過來證明他們不是「選民」，毋寧是被上帝選來作為世間錯誤示範的，那麼死後不會上天堂，卻要下地獄。

於是他們的行為被逼擠在兩端：一邊努力工作，不懈怠地追求功績；另一邊如果成功帶來了財富，卻不能花在自身的享受消費上。只賺錢卻不能花錢，這是西方資本累積的關鍵心理動機。

在喀爾文教派的教義中，人要有自信將來不會下地獄，只有窄窄的一條小路。如果你活在世間沒有成就，是個「魯蛇」，誰也不會相信你屬於受到上帝青睞的「選民」。你必須擁有世俗的成功。但如果你將成功帶來的財富與地位用在滿足自己的欲望上，過得優渥，充滿享受，旁人就會幸災樂禍地認定：啊，你違背了上帝對於「善人」的定義，你是被財富與權力墮落了的表徵，那麼在上帝全知全能的計畫中，你應該是被用來作為世俗欲望如何壓過純善之心的敗德例證吧！顯然，這樣的人也不可能是上帝選來進天堂的。

成功地創造了財富，卻不能花在生活上，那就只能將賺來的錢再投入在事業中，去做更大的事業。如此由宗教信仰、深層焦慮所刺激的強烈動機，是資本形成其中一項重要的歷史力量。韋伯給了我們極具說服力的解釋。

02「商」上升到「農」，不如躍升到「士」

以韋伯所描述的西歐情況作對照，我們更能體會近世後期中國商人所遭遇的問題。中國沒有這樣的信仰刺激，讓他們去進行資本累積與再投資；而當時的商業性質，也沒有不斷投注新資金的需要。

也就是說，中國商人的事業一直停留在「以貨賺錢」的性質，沒有發展出資本主義式的「以錢賺錢」。即使到了近世後期，貨幣十分充裕，西方近代式的金融行業也並沒有在中國出現。中國有的是「更方便的貨幣」，卻遲遲沒有從貨幣衍生出來的資本，亦即將時間轉換為利息，讓累積的錢轉為資本。

傳統上，財富最理所當然的去處是買土地。過去不論財富從什麼樣的管道來，一旦擁有了，必然會轉為土地的形式。土地不只帶來農業生產所得，土地還是最有效的社會身分提升因素。從佃農提升為自耕農，從自耕農提升為地主，從地主提升為大地主，從大地主提升為莊園主人，都取決於你擁有多大的土地。

然而如此一條過去視之為必然的路，到了近世後期，卻受到朝廷嚴格的監管。不要說在地方上擁有自給自足的莊園絕對不被允許，稍微大一點的地主，都會招來朝廷關切，因為土地集中在一個人手中，對國家統治就產生了威脅，會被嚴格禁制。

從古代史一路說下來，很明顯地，中國每個朝代都有土地兼併的問題。然而近世之後的土地兼併現象，在規模和集中程度上都和以前不在同一個等級上了。

近世之前，尤其中古時期，有門第、有貴族，他們的地位與財富都來自龐大的土地，動輒就是占一座山、一座湖泊在自家的莊園裡。到了明朝，每一個地方官都被賦予監視土地集中狀況的職責，又有《魚鱗圖冊》登記土地所有權資料，財富要轉為土地，受到了高度的限制。

商人經商獲得利益，當然會想用賺來的財富換取地位提升。地主身分的社會層級高於商人，農業是「本」，商業則一直是「末」，買土地是「捨末歸本」的做法，有很高的社會正當性。

然而這條路被高度懷疑經營地方勢力的中央政權阻擋了，於是間接鼓勵了商人家庭，與其設想從「商」上升到「農」，還不如藉由科舉所開放的機會，直接躍到更高的「士」的層級。

唐代已經有科舉，不過唐代官場在人才晉用上，科舉是其中一個途徑，卻不是唯一的途徑，而且考取的很大一部分是原本有背景的世家子弟。到了宋朝之後，世家徹底消滅，科舉也成為唯一的政治晉身之道。不只政治上，連在社會上，藉由科舉得到的地位也是最高、最為穩固的，遠遠超過包括地主在內的其他人。

從宋朝到明朝，科舉愈來愈重要，同時考上科舉的難度愈來愈高。人口增長，官僚體系規模卻不可能等比膨脹，而且科舉的誘因那麼高，吸引更大比例的人投入，也使得競爭更激烈。

於是在科舉這條路上，家世能夠提供的優勢變得愈來愈重要。一種家世是士人家庭，世代嫻熟考試，知道如何從小培養子弟進學受教、準備考試。另一種家世則是有著財富支撐，讓家裡的部分子弟不只得以空閒下來，還能延聘最好的老師來為他準備。

後者的條件反而是商人家庭可以提供的。商人成功賺到了錢，也不必買土地轉型為地主，而是將資源和用心投放在子弟的教育上，讓他們讀書考試。如果考上了，就能將家族身分「士人化」、「儒化」，轉型為「儒商」或「商儒」。

商人建立了這樣的家族，或來自這樣的家族，自認是知書達禮的，那麼遇到了士人、官員，就不需低人一等、不需卑躬屈膝。

03 《鳳還巢》顯現的明朝社會現象

商人賺了錢，不投資在擴大產業上，也不花在買土地上，能用之處是發展家族教育，以及增加消費。無法用來換取身分的資源，那就拿去換取欲望的滿足享受吧！金錢能買到的最大滿足，是虛榮心上的滿足，意味著不只消費、享受，更要尋找別人無法支應負擔的消費享受形式，表現在外讓人羨慕、嫉妒。

事實上，這創造了另一種社會地位提升作用。貫穿整個明朝，史料上不斷出現討論「逾制」的問題，到了晚明，更升高為對於奢侈現象的種種形容與批判。「逾制」與奢侈，是這種虛榮滿足必然帶來的現象，其影響層面非常廣，對於明朝人如何穿、如何吃，乃至如何蓋房子、如何行動，都有著關鍵的作用。

一言以蔽之，強大的炫耀性、表演性消費行為，成為近世後期的主要生活因素。

京劇中有一齣戲叫《鳳還巢》，那是很有名的丑角戲。戲中兩個角色，程雪雁和朱千歲，都是由丑角扮演的。戲中有一段，朱千歲應邀到程浦老先生的家裡，他帶著兩名家丁，一進門就先說：「來呀，脫去我的路衣，換上我的壽衣，好與老先生拜壽。」家丁幫他換了，他才向程老先生說了祝壽的話，被請到裡面吃酒。朱千歲又說：「來呀！脫去我的壽衣，換上我的便服，好與老先生飲酒。」席間聊了幾句話，朱千歲起身說：「老先生，天色不早，我跟您告辭啦。來呀！換上我的路衣，也好趕路。」

兩名家丁幫他換衣，換好了一看，朱千歲勃然大怒說：「怎麼還是我來的時候穿的那件呀？」家丁說：「是。」朱千歲就罵：「別的衣裳你沒帶來？我的衣裳有的是，怎不多帶兩件出來？沒用的東西，下回記住了！」

這一段強調的是朱千歲的誇張奢侈，而在劇情的設計上，換衣過程中程夫人誤將朱千歲認作是穆居易，因而決定將程雪雁嫁給他，這是其中一對陰錯陽差配對的來由。而程夫人如何做出這決定？就是看他的衣著，被他頻頻換衣服這件事說服了，認定這樣的人值得嫁。

再回頭看《鳳還巢》開場戲，程浦、朱千歲兩人到郊外踏青，書生穆居易也在。但穆居易因為身上衣服太寒磣了，不敢去和程浦相認，是朱千歲叫了他，過來後問起，才發現他是程浦老友的兒子。

戲的發展就架構在衣服上，故事明白標舉是以明朝為背景，主角名叫朱千歲，這顯然是明朝的皇族子弟。這樣的連結不是偶然，這齣戲顯現了明朝的社會現象——對於外在衣裝的重視，以衣服來決定人的地位與身分，甚至以衣服來認識人的價值。

04 顏色、圖紋等禁令與「衣著逾制」

明代最突出的社會現象之一，就是「衣著逾制」。這個「制」源於朱元璋的統治信念，希望在國家體制中給每個人一個固定的位子，大家都乖乖地待在各自社會空間的原地上，安靜過著像是「小國寡民」、「雞犬之聲相聞，民至老死不相往來」（老子《道德經》）的生活。他的統治一直管到人民的生活細節，因而有很多相關的「制」。

據《明史・輿服志三》的記錄，西元一四五八年（明英宗天順二年）有一道禁令，規定官民穿衣服不得使用幾種顏色。第一是「薑黃」，那是淺黃色；還有「柳黃」，柳葉剛冒出來的顏色，接近黃綠色。最大的禁忌當然是皇帝用的「明黃」，即鮮黃色。另外紫、黑、綠也不能用。

還規定衣服上不能有的花紋。蟒龍不能用，飛魚、鬥牛、大鵬、獅子不能用。四寶相花、大雲花樣、大西番蓮等圖案也不能用。

這道禁令告訴我們，到這個時候，明朝的服飾已經改變了。當初朱元璋的理想是用衣服顯示社會身分，你是什麼地位的人，就穿表現你身分的那種衣服。而且不管什麼身分穿的，基本上都以功能為主要考量，盡量簡樸。但這樣的原則沒能維持很久，到十五世紀中葉已經瀕臨瓦解，才會在英宗時又頒這道禁令。

使得朱元璋的信念貫徹不下去的一股力量，正來自其信念內部的弔詭。衣服要能清楚顯現身分，別人可以從你的衣著服飾立即看出你是什麼社會階級的人，這種規定反而提供了強大的「衣著逾制」誘因。只要換穿上不一樣的衣服，在別人眼中的地位就改變了，那麼方便可以提升地位的方法幹嘛不用啊？

到必須以禁制令明白標舉哪幾種顏色、哪幾種花紋不准用，就表示連「明黃」和「蟒龍紋」這種明確和皇家有關的服制元素，都有人敢亂用了。

不過一四五八年的禁令，主要處理的還是衣裝上的社會標記問題。然而也差不多在這時候，另一方面的發展變得愈來愈嚴重、愈來愈誇張，那就是穿著上的奢侈浪費，產生了許多和原有皇族、官職象徵無關的新奢靡表現方式。

從一三七〇年代開始，朝廷就多次、反覆發出對「衣著逾制」的警告。最後一次的相關禁令，出現在一五四一年（明世宗嘉靖二十年）。這次的禁令則是特別針對「雲巾」、「雲履」。這裡的「雲」，指的不是一個世紀前的「大雲紋」，而是一種特別的材質。「雲」指的是「雲縑」，這道禁令管的不是外表花紋，而是某些最為貴重的特殊材質。

「雲縑」是一種絲織品，織得特別的鬆軟，感覺上比一般的絲還要更輕。這當然牽涉到高度複雜的織工技術，可以做出特殊的皺紋，會有波浪的效果。這麼貴重的布料，卻有人拿來做「雲巾」、「雲履」，那明顯是誇示。

這時期最貴重的衣服材質除了「雲縑」之外，還有「吳綢」，即蘇州的絲綢；「宋錦」，這是帶繡花的衣料；「駝褐」，駱駝毛織成的，是最好的毛料。

禁止用「雲巾」、「雲履」，那就不只是管「逾制」，而是針對奢侈風氣。將這種大家都看得出來十分貴重的材質用在做披肩、甚至做布鞋上，這明顯的用意與效果就是炫富。到這時候，炫富的情況已經超越「逾制」，想要自我標榜、得到社會地位的人，不再是穿不屬於自己身分的衣服。因為這種做法太普遍了，大家都這麼做，以至於身分和衣著相連的「制」已經喪失意義。所以要凸顯身分，就要穿別人穿不起的衣服，或者像《鳳還巢》戲中的朱千歲那樣，以別人無法負擔的方式來穿衣服。

05 從馬尾裙到蘇樣，衣裝的「創起為奇」

明憲宗成化年間，一四七〇年代，在北京出現了「馬尾裙」的流行風潮。「馬尾裙」以馬尾毛織成，這種裙子材質較硬，就像撐開的傘，據說是從朝鮮傳進來的。一時之間很多人都穿，連大學士都有人跟著趕流行。

因為是新鮮的外來樣式，所以身分高的人穿，身分低的人也穿；有錢人穿，沒錢人也穿。大學士萬安還每天都穿，本來是冬天的服裝，卻連夏天都不願換下來。大家都要穿，馬匹當然就倒楣了，當時北京附近到處看到的都是尾巴光禿禿、毛被剃光拔光的馬。

一四五八年頒下的服色禁令，由一位叫周洪謨的大臣負責監管，但到「馬尾裙」流行時，連周洪謨身上都穿了兩層「馬尾裙」。周洪謨正代表了歷史的變化，一位曾經主管糾察「衣著逾制」的官員，自己都抵擋不了誘惑，公開將趕流行的新服飾穿在身上。「衣著逾制」這個觀念本身落伍了，新時代的穿著風格不再是模仿有錢、有地位的人穿什麼，而是創造、趨附新型態，一眼看去就不一樣，因而會讓別人羨慕的衣裝。

「衣著逾制」的觀念被拋棄了，衣裝外表的問題變得更加嚴重。衣服變得和錢、和財富緊密連結，甚至說穿什麼衣服主要就是為了彰顯財富都不為過。新興的服飾風氣是「創起為奇，過前為例」，好衣服的定義是新發明的、之前沒有人穿過的，而且是在某個點上，即某些方面明顯超越以前大家所看過、穿習慣了的。

十六世紀開始，明代服裝的特色便是追求變化。例如簡單的「方巾」，朱元璋開國時就訂定了「四方平定巾」作為讀書人的身分表徵。第一等社會地位的人戴帽子，其次就是讀書人戴方巾。但到了這時候，方巾又分「漢巾」、「晉巾」、「唐巾」，還有「諸葛巾」、「純陽巾」、「東坡巾」等等。因為和讀書人有關，命名上就標舉歷史來源，宣稱是不同朝代留下來的，或是和名人、道教扯上關係；但真正的意義是形狀、花色都不一樣，可以有所選擇，尤其會傾向於選擇和別人不一樣的。

晚明張岱的作品中就記錄了紡織業中心蘇州不斷推出新的布樣，浙江人看到了便急著模仿、追趕。而一旦浙江人穿了，蘇州人就嫌棄不要了，再換不同的新樣式。張岱諷刺浙江人如此愚蠢，一直被蘇州人牽著鼻子走。張岱的態度很明顯，不是教浙江人不要改變，而是應該自己去變、去創新，不要一直跟在後面學人家的。

明代晚期的史料中，常常出現一句慣用語——「一時之妍」，且多半用來描述服裝。這是之前沒有的語詞，主要用來凸顯之前的流行。「一時之妍」，表示當時大家都覺得漂亮，人人趨之若鶩，然而那「一時」過去後，現在回頭看，奇怪，有什麼好看的啊？彼一時、此一時，換了不同時間，流行改變了，美或不美的看法也跟著變了。此一時如果還穿著彼一時流行的衣服，那麼非但不會被認為漂亮，甚至還會被恥笑。

依照張岱的回憶，他年輕時，蘇州流行風潮的「賞味期」大致是十年左右，每十年就會有一波大變化。等到他進入中年，變化的速度加快為每兩、三年就換一次。顯然明代後期的服裝符合我們今天所說的 fashion 性質，那就是有著明確、強悍的流行遞換操作，也有全社會介入、參與的趕流行，生怕跟不上流行的集體心態。

蘇州是流行的中心，有流行的發動者，也有流行的跟隨者。而特別的是，士人仍然在社會上擁有醒目的示範作用，可以說積極參與了流行的發動與決定。

浙江人李樂留下了有趣的詩句：「昨日到城郭，歸來淚滿襟。遍身女衣者，盡是讀書人。」（《見聞雜記．卷十》）進城一趟，回來哭了，因為在城裡一看，外表上像是穿女裝的，竟然都是士人！

為什麼說士人穿女裝？因為明代的男裝、女裝有不同的顏色。男裝本來主要是青色，如果不是以青色為底，而是比較明亮、鮮豔的，傳統上被認為是小孩和女人才適合穿的。到了明朝後期，城裡街道上，只剩下沒錢、沒身分的人才穿青衣；一直到新中國成立，青衣都被視為勞動者的標準顏色。其他稍有財資、稍有辦法的人，都放棄青衣，換穿更鮮明的顏色（「盡為婦人紅紫之服」），從傳統保守的眼光看去，就像男人在衣裝上都變身為女性了！

歸有光對於明朝中葉的風氣有一番整理，得到的結論是：世俗奢侈的習慣是從士人身上開始的，然後感染到城市，城市流行後，再往外擴展到城郊。

為什麼從士人開始？因為士人和商人之間的距離不斷縮減，使得士人文化帶有愈來愈強烈的商業性質。商人有奢侈炫富的動機，那是他們得以增加社會能見度，藉此提高社會地位與社會正當性的手段。而商人在社會地位改變上的主要目標，就是追趕上士人。

如此給予士人一種集體壓力，刺激催生出一種集體自覺，必須維持和商人間的一定距離，也就是在外表上和商人維持可以辨識的區隔。在近世社會中，沒有了封閉、固定的身分制，不能規定誰是豪族、誰是寒門，於是外在表徵很容易被模仿，也必然會招惹來模仿。尤其商人有特別動機，又有充分資源去模仿士人的穿著外貌以自抬身價。如此就逼得士人必須不斷「創起為奇」，放棄已經被其他人模仿、失去階級標示意義的服裝，改換出新的一套。

士人仍然握有訂定社會品味的優先權力，商人卻有可以不斷變換追摹的資源與能力。於是一個換、一個學，構成了明代的服裝流行動力。這種條件下，出現了特別的讀書商人，將他們的士人本事拿到市場上去換得金錢。唐寅的畫、文徵明的字，在當時都帶有商品的性質，但又有高於商品的地位。他們的畫和字不再是單純在文人間相贈流傳，而是特別賣給有錢人，作為有錢人家的品味象徵。

這些參與市場的士人有著新的自覺，必須維持自己品味上的領先地位。他們一方面代表文人，一方面積極和商人周旋，提供商人可品味的商品與指導，和以前的文人很不一樣。

明末還出現一種特殊的衣著服飾，稱為「蘇樣」。「蘇」指的是蘇州。蘇州既有錢，又是紡織業中心，而且聚居了大量的文人，是文人文化的制高點。「蘇樣」最特別之處，在於表面上沒有炫麗的色彩，也沒有繁複的紋飾，講究的是極細膩的布料織法，以及巧手精工的剪裁。這是進一步為了擺脫模仿而產生的低調奢華風格。

「蘇樣」不只出現在衣服上，甚至可以說是明末文人精神與生活意趣的總體風格。由外而內，要創造一種沒有那麼多表面可以抄襲模仿的元素，卻涵藏著必須有一定文化程度才能看得出來、要有更高的文化修持才能參與的藝術化生活。

06 社會衣裝的展示場，舉國若狂的炫耀熱

近世後期在商業領域創造了大量財富，但除了消費之外沒有太多其他出路，消費因而有了愈來愈高的社會標誌功能。社會標誌需要在公共空間展現，進一步在近世後期提升了公共空間的重要性。

明代最特別的就是「社會性衣裝」格外發達。出門在外穿的衣服，和家裡穿的愈來愈不一樣。如果出門要去的地方被人家看到你穿了什麼，不會藉此估計、評價你是什麼人，你有幾分斤兩，你也不會花那麼多時間、力氣去準備衣服，不會那麼在意自己穿了什麼。另外，一個星期出門一次，和每天都要出門相比，對於衣裝的講究當然不同。前一種狀況不需要特別準備什麼，後

一種就必須有好幾套輪流穿換的衣服，必須考慮不能每次出門都穿同一套。

接下來，不同的公共空間有其各自的特性，也要求不同的穿衣方式。到衙門裡辦事和去勾欄看戲，得穿不一樣的衣服；甚至到衙門所在一帶的地方，和到勾欄所在一帶的地方，都需要換上不同的衣服。

明代出現愈來愈多作為展示場、讓人得以展示身分性質的空間。其中很重要的，是有了讓女性可以公開參與的空間。在歷史上，上元節為什麼那麼重要？因為唐朝時長安城內的里門、坊門，到了晚上都要關閉，唯一的例外是上元節有三天不閉門，夜晚的公共空間裡擠滿了看燈的仕女們，蔚為稀有的奇觀。

明代之後，這種仕女如雲的場合變多了，產生了新的奇觀。據范濂《雲間據目鈔》的記錄，萬曆年間，在松江的迎神賽會上，各鎮都租了兩、三百匹馬，在路上大遊行。馬上坐著扮裝的戲中人物，他們穿著「鮮明蟒衣靴革」，完全不顧什麼「衣著逾制」，而且「幞頭紗帽滿綴金珠翠花」，首飾也很華麗。

若是扮成狀元遊街，身上戴著三條「珠鞭」，價值超過「百金」；旁邊圍滿了三、四十名妓女，扮成「寡婦征西」、「昭君出塞」等劇中角色。花車上則是「彩亭旂鼓兵器，種種精奇，不能悉述」。為了不受天候影響掃興，還將街道橋梁都用布幔遮起來。如此當然吸引了「郡中士庶，爭挈家往觀」。那種熱鬧情況，「遊船馬船，擁塞河道，正所謂舉國若狂也」。遊行輪流在各鎮進行，每鎮或四天、或五天，每天都需要很高的開銷。

描述完這樣的奇觀，范濂更補上背景與後續：

> 日費千金，且當歷年饑饉。而爭舉孟浪不經，皆予所不解也。壬辰，按院甘公嚴革，識者快之。（《雲間據目鈔．卷二》）

這可不是什麼豐年，甚至不是一般承平時節，而是經歷了一段饑荒，卻都無法阻止松江地區如此瘋狂的花費炫耀。因為情況太誇張了，後來甚至驚動按察使正式成案，進行調查懲處，有識之士才稍感安心欣慰。

晚明李日華《味水軒日記》中記載的浙江秀水神會，情況也很類似：

> 秀水濮院鎮醵金為神會，結綴羅綺，攢簇珠翠，為抬閣數十座，閣上率用民間娟秀幼稚裝扮故事人物，備極巧麗，迎於市中。遠近士女走集，一國若狂。

最醒目的是各式各樣的服裝，以及服裝上掛滿的珠翠飾物，花車上有漂亮女性扮演故事人物。所製造出的效果，兩位作者不約而同地皆用「一國若狂」來形容。

那就是群眾的集體狂熱，顯然這種廟會很接近歐洲中世紀的「嘉年華狂歡」，以財富炫耀式消費，提供人民一種暫時擺脫現實、進入狂喜狀態的刺激。

07 公共空間無關市民意識，只在表現身分

從傳統的角度看，有著更強烈震駭效果，因而留下更多批判意見的是清明掃墓的變質。原先出於慎終追遠目的的行為，在浙江變成了「男女袨服靚裝」出外誇示的場合。穿著最好的衣服，還要畫上妝，雇了豪華遊船和船上演奏的樂隊，名義上是要掃墓，實際上卻是提供活人的遊樂享受，而且是在人人看得到的河上遊船裡，就更帶有炫耀的意味。

張岱《陶庵夢憶》中記載，揚州人的清明節是從城到鄉，都濃妝豔抹；從陸到河，都華服繡裳（「靚妝藻野，袨服縟川」）。因為掃墓，出外的人回來了，順便把青樓名妓和所有好事之徒都齊聚過來。好事之徒所聚之處，就是最熱鬧、最具表演性質的公共空間。大家藉掃墓名義到野外跑馬、放鷹，或者在山丘上玩鬥雞、踢足球，或者在樹林邊彈琴、聽音樂。

更誇張的是，到了清明節，墓地也被改造為公共空間，可見這時期公共空間的擴展。當然，這是一種中國式的公共空間，和德國社會學家哈伯瑪斯（Jürgen Habermas, 1929-）從西方歷史上整理出的 public sphere 不一樣。延續「資本主義萌芽期」的對照，也有史學研究者主張：明代中國已經出現這種意義的公共空間，在此間產生市民意識與公共討論。不過詳加檢查史料，這中間有明顯而關鍵的差異，那就是對於「公共事務」——尤其是政治權力運用及社會組織運作——有

沒有公開的討論。

近代西方最具代表性的公共空間是咖啡館、是廣場、是報紙、是議會。在這裡誕生並增長了市民權利意識，打破王公貴族對於統治事務的壟斷，傳播並議論超越私人關懷層次的問題。這樣的現象並未在明代產生。

並不是有公共空間就一定會有「公共意識」。明代公共空間的發展與擴張，主要依靠的是奢侈性的炫耀消費。人們不是在這個空間中去理解眾人的事務，而是去表現和自己身分地位有關的條件。

近世社會沒有了中間階層，在皇權之下，所有人都被打平了，也就不會有固定的階層身分象徵。然而畢竟社會上，尤其是眾人聚居的城市裡，還是會有高下評價排列，主要隨著功名官職和財富多寡而升降。功名官職的外表和印象，可以靠著服裝改變，促成了普遍「衣著逾制」的現象。至於財富多寡的排行，也會因為表現在外的消費生活型態而改變。

如果一個人真實的財富總排名在一百萬名以外，很一般、很不起眼，但他可以藉由在公共場所穿不同的衣服、用不同的方式花錢，讓人感覺他的社會地位在五萬名以內。那當然就提供了強烈的動機，讓人們樂於到公共空間去，樂於進行各種炫耀式的消費，於是公共空間便和消費同步成長。

08 飲食空間的變化：茶樓不只喝茶

受到影響的另一個生活領域是飲食。中國文化中重視飲食，不過這個時代不只吃什麼很重要，讓人家看到你吃什麼也變得愈來愈重要。過去飲食上產生的變化，是食材與調理食材的方式，這方面到了近世後期相對變化不大，卻在外在條件上有了比較大的改變。

第一項變化表現在飲食的空間上。近世歷史中具有特殊意義的空間是茶樓和酒樓。命名就凸顯了「茶」和「酒」，那是以飲品為藉口，擺脫了固定用餐時間和用餐次數的限制，隨時可以喝茶、喝酒，也就要有隨時可以配茶、配酒吃東西的地方。

這樣的空間有著時間上的高度延續性，與其公共性關係密切。由於長時間開放，隨時歡迎各色人等進入，在這個空間裡人看人，也必然被人看。

在主要的大城市裡，茶樓不只一種。有「一條龍」，在明代那不是餐廳的招牌，而是茶樓種類的稱呼，指的是可以喝茶、可以喝酒、也可以吃飯的地方，多功能統包了，提供「一條龍」式的服務。這類茶樓從北京擴展到其他地方，在招牌命名上有個特色，通常以「天」字開頭，表示是從天子腳下的京師來的。大家只要看到招牌叫「天」什麼的，就知道可以喝茶、喝酒、吃飯，什麼都有。

另外一種是清茶館，不供餐的，配茶頂多只有點心。但這種茶館也不會只喝茶，常常會有表演活動。近世後期的說書、鼓詞等配備較簡易且小型的演出大為興盛，便是因應這類清茶館的需要而發展的。

第三種是茶攤，擺在街邊，是最底層普羅的。即使是單純解渴的功能，這時都有店有攤、賣水賣茶，不再是自己回家關起門喝，或是找一口井來解決。茶攤一樣是人進人出的公共空間。最高等、最豪華的是茶園。除了有可以喝茶休憩的建築物外，還有圍著建築物的園子。花園裡可以走走逛逛，不過真正的賣點是園子裡的戲臺，上演著較大型的戲曲，往往看表演才是真正的消費目的，邊喝茶邊看戲。

到了近世後期，喝茶這件事取得了特殊的公共性質，在茶樓喝茶和在家裡喝茶是很不一樣的兩回事。走進茶樓裡喝茶、吃飯、看戲、聽說書，首先就顯示出「有閒」。茶樓是無所事事的人流連忘返的地方，也是展示自己不只有時間可供揮霍，還可以付錢來打發時間。

在傳統農業社會中，閒暇本身已經是一種奢侈，不用下田耕種，即標示出高人一等的地主身分。以前的地主閒在家裡，現在有了像茶樓這樣的空間，讓有閒的人得以悠閒給別人看。

不過隨著商業發達，農業社會式的閒散逐漸被滲透、改造。到茶樓去的不必然是無所事事的閒暇，許多商業買賣進入這個空間來進行交易談判，形成了另一種公共炫耀——表現自己屬於這種新興大型買賣的領域，不在店家而是在茶樓裡進行交易。

09 從《儒林外史》看喫茶這件事的普及

茶樓文化當然在產茶的地區特別興盛，從一天的時間來看，在城市生活中所占的比例不斷提高。一早就喝茶是從蘇州開始的，大約九點鐘左右。明朝時已經有「早上皮包水，晚上水包皮」的說法——好的生活是以早上喝茶開始，而在晚上以泡澡結束。

早茶同時也是早餐，在蘇州就有各式各樣的「包」，不同形狀的皮包了不同的餡，作為早茶的點心。後來流傳到廣州，就更複雜化、精緻化為廣式飲茶。廣式飲茶不只點心種類更多，而且時間更早、更長，從六點半、七點就開始，名為「早茶」卻可以提供到將近中午。也就是生活中，人們留在家中私密空間的時間比例降低了，公共空間的發展使得人們可以經常在外面逗留，也就經常暴顯在別人的觀察與評判眼光中。

近世後期的都市生活裡，「家」不再是一個人最常待著的地方，「家」的空間重要性相對地不斷下降，以至於長時間待在家裡反而變得不正常，往往帶有因為缺乏適當、體面的外表條件，才出不得門的意味。

吳敬梓的《儒林外史．第十四回》寫馬二先生在杭州，想到西湖走走，他先是「步出錢塘門，在茶亭裡喫了幾碗茶」；然後沿著西湖，走沒多遠，又進茶室買了筍片當點心，再配著喝了一碗茶。接著他走過六橋，又走了二里多路，看見一座樓臺蓋在水中央，門口也是一間茶室，他再喝了一碗茶。然後他到了雷峰，去了觀光景點淨慈寺，出來後在寫著「南屏」橫匾的茶亭內又喝了一碗茶，還吃了橘餅、芝麻糖等點心。因為走多了路，回到下處睡了一天。

第三天，馬二先生去了吳山，上山看見一座大廟，廟門前在賣茶，他喝了一碗。轉了兩個彎，看到一條街上有一排房子，賣酒的、賣雜貨的、賣餃兒的、賣麵的、測字算命的，還有——賣茶的。賣茶的是這空間裡的最大宗，整個廟門口擺的都是茶桌子，使得這條街看來如此熱鬧，「單是賣茶就有三十多處」。馬二先生當然在這裡找了一個茶室、泡了一碗茶，還吃了一個「吳山蓑衣餅」。

接著他來到城隍廟，拐過小彎，又見一條小街，然後踏上山岡，左望錢塘江，右望西湖的雷峰、湖心亭。再往上走，「又看見一個大廟門前擺著茶桌子賣茶」，「馬二先生兩腳酸了，且坐喫茶」，又「買了幾十文餅和牛肉，就在茶桌子上儘興一喫。喫得飽了，自思趁著飽再上去。」

單是這一回裡，描述馬二先生三天的生活，他就喫了七次茶，可見喫茶這件事普遍到什麼樣的程度。

10 菜餚、食具的排場與僭侈

以飲食為藉口，實際重點卻是炫耀其所飲所食，這是近世後期社會的新現象。得以彰顯所飲所食的，還有食具和排場。在這方面，明代小說《金瓶梅》提供了十分豐富的資料，雖然小說背景依託在宋朝，但小說中記錄了許多作者自己那個時代的飲食細節。

《金瓶梅．第二十二回》講西門慶吃早餐，桌上是：

> 四個鹹食，十樣小菜兒，四碗頓爛：一碗蹄子，一碗鴿子雛兒，一碗春不老蒸乳餅，一碗餛飩雞兒。銀廂甌兒，粳米投著各樣榛松栗子果仁梅桂白糖粥兒。

「鹹食」是醃菜類的東西，「頓爛」是滷菜類的，用來下飯。但他配的不是一般白米飯，而是加了榛松、栗子、果仁、梅桂、白糖，用比較軟的粳米熬煮成的粥。

那午餐呢？《金瓶梅．第三十四回》提到西門慶招待伯爵，先來「四碟菜果」，即素菜，然後是「四碟案鮮」，即下酒小菜，分別是「紅鄧鄧的泰州鴨蛋」，指的是紅心鴨蛋，「曲灣灣王瓜拌遼東金蝦」，就是瓠瓜加小蝦，「香噴噴油煠的燒骨」，稍帶骨的牛肉，「禿肥肥乾蒸的劈酒雞」，是類似醉雞的做法。

再來第二輪是「四碗嗄飯」——濾過、蒸過，先燒後蒸的鴨肉（「一甌兒濾蒸的燒鴨」），加上「水晶蹄膀」、「白煠豬肉」和炒腰花。第三輪是用「青花白地磁盤」盛裝上來的「紅馥馥柳蒸的糟鰣魚」。鰣魚最為稀少貴重，是遠送京城上貢用的，所以要搭配特別名貴的食具。同時還強調糟過的鰣魚「馨香美味，入口而化，骨刺皆香」，解決了鰣魚多刺的問題，煮到連魚刺都能香甘入口，簡直比皇帝還享受。

西門慶這種豪奢之家是這樣吃的。再看馮夢龍的《喻世明言．第一卷》中，寫到商人蔣興哥的妻子王三巧兒招待鄰居，就是屋邊一個婆子來到家裡，擺出來的是「兩碗臘雞，兩碗臘肉，兩碗鮮魚，連果碟素菜共一十六個碗」。這比西門慶的飲食更有代表性，顯示就連一般人家平常請客，都要有一定的排場。這不單純是為了吃，還要湊足數字。數字要對才像個樣子，那是排場中的一部分。

明朝初期在禮制上還規範瓷器，一般人不能隨便使用瓷器。朝廷開設的「官窯」如果燒出特別的形制、花樣乃至顏色，民間不能用，也不能仿製。但到了中後期，民間燒瓷工業大為發展，和官窯的技術差距大幅拉近，所有的「逾制」規定也都幾乎瓦解了。中上人家都能擁有各式各樣的器皿，那就不只有好的瓷器，還要搭配金器、玉器。

明代文人何良俊在《四友齋叢說》中記錄一位嘉興的富豪朋友：

見其家設客，用銀水火爐金滴嗉。是日客有二十餘人，每客皆金台盤一副，是雙螭虎大金杯，每副約有十五六兩。

有銀有金，二十多位客人，每人面前都有一副沉甸甸的盤和杯。晚宴後留住主人家，到第二天早上，洗臉用的器具是「梅花銀沙鑼」，即銀造的臉盆，上面刻蝕梅花紋樣。何良俊評論說：「此其富可甲於江南，而僭侈之極，幾於不遜矣。」這麼有錢，又這麼奢華張揚，已經到了冒犯皇家、可能給自己惹麻煩的地步了。

不過之所以有這種「僭侈」行為，正是因為這時候大家都這樣做，朝廷根本管不了。

明末重大的政治事件，是嚴嵩垮臺後被抄家，遭沒收的財產清單上，赫然有一項是純金的器具，一共列出了三千一百五十八件。另外，嚴嵩家中有金筷兩雙，鑲金象牙筷一千一百一十雙，鑲銀象牙筷一千零九雙，不鑲金不鑲銀、光只是象牙材質的筷子也有兩千六百九十一雙，海龜玳瑁材質的筷子有十雙。最平常的烏木筷六千八百九十一雙，斑竹筷五千九百三十一雙，嚴嵩一般不會用到、平常木頭上漆的漆筷也有九千五百一十雙。要那麼多筷子做什麼呢？這就是奢侈排場心態與社會風氣的極端表現。

11「一筵之費，竭中家之產」

炫耀式的飲食還反映在對於海味的重視。中國傳統文化向來與海洋並不親近，在菜系發展上，海味菜餚相對並不發達，而從社會價值觀上，也往往認定那是漁家吃的低等食材。然而近世後期情況逆轉，幾乎每個菜系，甚至連不靠海的地方，都開始強調海味食材。

正因為海味來歷最遠，不只容易敗壞，而且稍微拖長時間就會影響鮮美程度，這樣的「難得之貨」最適合拿來炫耀。「海味三十皿」於是成為明代講起奢華宴客時的習慣用語。明代諺語中提及，嫁娶宴客是可以讓人傾家蕩產的，而花費最鉅、也最難控制金額的就是海味食材。

明代謝肇淛的《五雜俎．物部三》中留下了這樣一段話：

今之富家巨室，窮山之珍，竭水之錯，南方之蠣房，北方之熊掌，東海之鰒炙，西域之馬奶，真昔人所謂富有小四海者，一筵之費，竭中家之產，不能辦也。

如今的鉅富有錢人家，將山中最珍貴的、海裡最難得的食材都窮盡地聚攏過來，包括哪些東西呢？有北方的熊掌、西域的馬奶，有從南方來的帶殼新鮮牡蠣，還有從東海來的大鮑魚。用這樣的食材請客，別說一般中產人家，就連低階富豪都吃不消。

明代後期富人的高能見度，以及富人豪奢炫耀的行為不斷升級，以至於將明初朱元璋最在意、最憂心的狀況做了一百八十度翻轉。朱元璋原本擔心民間「逾制」，模仿宮廷皇家；但到了明末，卻是倒過來，變成宮廷皇家焦慮地觀察外面的有錢人怎麼穿、怎麼吃，再加以模仿效法，生怕自己沒有趕上流行。

明朝最後一位皇帝明思宗崇禎帝，一度下令全國仕女不得上茶樓，後來縮小範圍只在北京城內執行。這顯現出崇禎皇帝的核心困擾，就是他和自己所處的時代、社會有著嚴重隔閡。他所接掌的是由正德、萬曆幾位皇帝鬆弛放任後所形成的一個奢華混亂的社會，然而他卻有著嚴肅且近乎苛刻，帶有高度清教徒態度的道德意識。

只是到了這時候，朝廷和社會的關係已經倒過來了，主要的活力在民間社會、在城市商業領域，而不在朝廷。甚至朝廷都被這股活力帶著走，追在後面唯恐落伍，不具備能夠強硬扭轉風氣的條件。

崇禎皇帝要以北京作為全國的示範，採取了非常誇張的措施，要他的親信到幾間最大的茶樓門口站崗，遇到有女子要進入，就壓住人家，強行脫掉鞋子，讓她們裸著小腳回去。這是相當粗暴，在當時讓人感到極度恥辱的做法，雖然一時之間得以威嚇女子不敢接近茶樓，付出的代價卻是讓民間震撼之餘，產生了對皇帝的直接不滿，出現了許多關於皇帝精神狀態的傳言。明代之所以亡於崇禎，正是許多相加相乘複雜原因所造成的。

第三講

近世生活——住與行

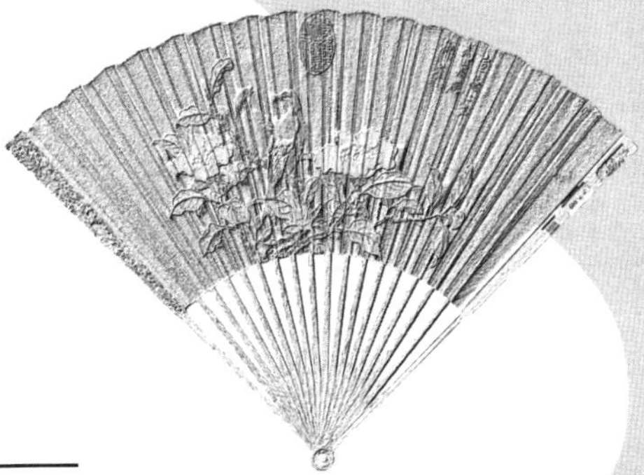

01 朝廷掌握七萬公里的驛道和驛站

孫中山在一九二四年進行的「三民主義演講」中，關於「民生主義」本來安排了六講，主題分別是：食、衣、住、行、育、樂，後來他只講完了前四個主題。這六項是孫中山心目中「民生」的主要內容，也是他那個時代重新整理、認知中國社會日常生活的初步結果。

這樣的主題、條目不同於中國傳統的觀念。傳統上，教育不會和衣食放在同一個範疇中討論，因為衣食是人人的需要，而教育則屬於少數人的特權。傳統上更不會將「樂」和「育」放在一起討論，對於受過教育的人來說，「樂」所引發的第一個反應，毋寧是壓抑與禁制吧！

甚至「衣食」和「住行」也不在同樣的範疇中。「衣食」是真正的日常，天天需要；相對地「住行」的需求層面沒有那麼廣，頻率更沒有那麼高。畢竟不是天天蓋房子，甚至不會年年蓋房子，而在很長時間中，對大多數人來說，也不是年年有出遠門的旅行需要，用得到交通設施。

「行」受到重視，在日常生活中取得普遍地位，是近世後期歷史的發展。源頭是蒙古人對牲口、部隊運動能力與運動速度的重視，使得元朝在中國進行了交通設施的改善與維護。朱元璋繼承這樣的軟硬體設施建立了明朝，卻對帝國的龐大規模感受到威脅，因而希望將中國改造為一種分散、隔絕的「小國寡民」狀態，便於朝廷治理、控制。

朱元璋正式登基二十三天後，就迫不及待地訂定了新的《驛律》，也就是一套關於道路與驛站的規範。為什麼那麼急？因為他知道，他不僅需要運用這個道路系統來平定天下，更需要將天下統合在這個道路系統中，才能有效統治。他的勢力範圍到達哪裡，就要求用心修復既有的驛道、驛站，必要時增建新的驛道、驛站。

這些驛道遵循固定的規格，寬十丈，大約現在的三十公尺。每隔六十里，大約現在的三十公里，就設一處驛站，提供行路人休息及更換馬匹之用。朱元璋在位期間，最為鼎盛之時，由朝廷所掌控的道路長度達到十四萬里，也就是七萬公里之多。另外，在七萬公里的驛道上設立了兩千零一十八個驛站，大致符合三十公里一站的要求。

朱元璋多次改革驛站制度，包括提高驛站人員待遇，期許務必做到兩件事：第一，維持驛道、驛站系統隨時順暢運作；第二，保證除了朝廷的公家用途，尤其與統治、控制有關的目的外，將其他不相干人等排除在這套系統之外，嚴格禁止他們利用這套系統來旅行。

朱元璋指揮完成的系統有八條主要幹道。一條由當時的國都應天府（即南京）向東北走，一直到遼寧、遼陽。一條從應天府也向東北，經山海關到達開原。還有一條從應天府向西，一路入川，終點是四川西部的松潘衛。另一條從應天府往西南，一直到雲南的寶山。再一條從應天府向南走，到達廣東的崖山；一條向東南走，到達福建的福州府。一條往北到達草原地帶，終點是今天內蒙古的寧城縣。還有一條往西北，一直到張掖、酒泉。

02「非軍國重事不許給驛」的限制

這幾條幹道都很長，在這幾條幹道沿線所設的驛站，大約占所有驛站的半數。朱元璋之後，明成祖將國都從南京遷到北京順天府，於是驛道系統必須相應進行大幅增建，另外增加以北京為中心的路網。過程中，明成祖做了調整，將原本從中心輻射的道路分布，改成更複雜、更多交叉點的網狀形式。

原本的道路規劃，方便官員或軍隊從南京出發去到任何地方，但是如果要從廣東到四川，就沒有便捷的道路可以通行，必須回到南京再改換方向重新出發。這符合朱元璋高度控制、中央集權的想法，帝國都在朝廷掌握中，而帝國中的各區域不需要有頻繁、便利的來往。

明成祖改變為選定幾個轉折點，例如從北京到達德州後，一條路繼續往南，另一條路則由此朝東，可入山東境內。如此就能減省下許多里程。不過驛道雖然增加，驛站數字卻在明成祖時減省了，主要反映了帝國統治已經安定下來，道路比原本安全許多，通行速度也提高了，所以可以拉大驛站之間的分布距離。

驛道的使用有進有出。進入京城的主要是各地官員。朱元璋統治帝國的其中一種方式，就是經常要求地方官進京，確保他們對中央的效忠，避免「天高皇帝遠」產生的懈怠弊病。京城設有

「會同館」，是驛站中等級最高的，提供來華朝貢者與進京官員宿住。「會同館」最早設在南京，遷都北京之後，就變成南、北各有一館。南京的規模是一館三所，北京擴大為一館六所。要有這樣的設施，才能提供官員經常入京，保障他們理解中央命令，感受到中央管轄的壓力。

使用驛道從京城出去的，主要是中央的號令訊息。在這方面，明朝和元朝有明顯不同的做法。元朝的規定是「驛遞合一」，公文送到哪個驛站，就由這個驛站的人員負責送到下一站。明朝則改為驛站人員只負責提供食宿及交通工具，與實際的文書遞送工作無關。負責遞送的人另外隸屬於「遞運所」，他要帶著公文從頭走到尾，中途在驛站休息、換馬。

朱元璋對這種細節十分注重，要確保皇帝的命令、朝廷的要求由誰交到哪裡，都能明白追究責任。明朝沿襲元朝的「急遞鋪」，雖然同樣運用驛道系統，但改為每十里設一「鋪」。「鋪」比「驛」規模小得多，一般設一名鋪長，再加五到十名鋪兵，以便有特別緊急的訊息時，可以即時找到停歇換馬的地方。

維護驛道、經營驛站，再到管理急遞鋪，這就構成了三大組織，牽涉到眾多人員。朱元璋設計時的目的很清楚，洪武元年就明白規定「非軍國重事不許給驛」，也就是從交通工具到食宿供應，都只能應用在朝廷公事上。

這個龐大系統及其三大分支，在朝廷組織中隸屬於兵部的「車駕清吏司」，表示其最主要的功能是軍事上的，同時他們管的車馬交通要格外嚴格審核，不能混雜。強調「清」，是朱元璋看不慣元朝的驛站系統什麼閒雜人等都能使用，他要整頓、保持其單純的性質。

西元一三九三年（洪武二十六年），皇帝下令重申非軍國大事絕對不准使用驛站。四年後，一三九七年正式頒布《大明律》，其中有《兵律》，管轄與軍事戰爭有關的事務，而「郵驛」項目就列在《兵律》中。「郵驛」項目下共有十八條，最重要的是禁止人民、貴冑任意以私人理由利用驛站。

同一年，顯然為了殺雞儆猴，朱元璋下令殺了安慶公主的駙馬歐陽倫。歐陽倫是皇帝的女婿，數次遣家奴在未得許可也非公事的情況下使用驛站、私運茶葉，就被朱元璋賜死。之後，又發現永嘉公主的駙馬郭鎮利用驛道系統運送私人物品，因情節較輕，被皇帝嚴斥。皇帝藉機再度重申驛道管理上「清」的標準——就算有公家任務在身，都不能夾帶私人物品。

03 統治工具動機下創造的行旅交通條件

這是朱元璋按照他的統治需求所建立起的一套制度。不過他的想像是一回事，明朝後來的事實走向是另一回事。

基本上，那麼完備、方便的一套交通系統，和「清吏」的嚴格限制是矛盾的。朱元璋要用這套交通系統來確保龐大帝國的有效統治，要求即使再遠的地方，都能隨時如臂使指般不會鬆懈、沒有脫節。但這套系統本身不可能被嚴格控管到朱元璋想要的那種程度。更重要的，這套系統的存在本身就提供了最強烈的動機，誘引人們去破壞朱元璋的「清吏」規定。

修好的道路不可能禁絕人民走上去，人民運用這套系統就能以較低的成本將貨物運到遠方，也就必然刺激了商業交易的範圍，提升了貿易的效率與利益。運送成本降低、運送時間減少，分工生產的誘因提高了，商業貿易就介入愈來愈多產業之中。

再嚴密、嚴格的管制，都不可能抵抗如此自然的利益誘因。雖然朱元璋堅持這套系統只能用在軍事與官事上，最終他的設計還是在促進商業活動方面發揮了最大的效果。依據完全相反動機所設計的統治工具，在近世後期卻徹底改變了中國人的行旅交通環境，讓更多人離開家鄉，不再定著於土地與農業上，並且不再害怕、沒有禁忌地上路遠行。

曹雪芹《紅樓夢》的第一回，講甄士隱和賈雨村的故事。兩人中秋對飲，談話中甄士隱得知賈雨村欲進京考試卻缺少盤纏、無法動身的窘況，就拿了五十兩白銀和兩套冬衣給賈雨村，還查了日子，告訴賈雨村：十九日是黃道吉日，適合雇船出發。

第二天，八月十六日，甄士隱想到可以寫個薦書，就派家人去請賈雨村。家人回來告訴甄士隱：「賈爺今日五鼓已進京去了。」並有留言給甄士隱，說：「讀書人不在黃道黑道，總以事理為要，不及面辭了。」

這段細節在小說中無關緊要，很多讀過《紅樓夢》的人應該也不會有印象，但從近世交通史的角度看卻饒富意義。首先，賈雨村沒有等到十九日的黃道吉日才出發。中國傳統中早在商朝就有「卜旅」的做法，外出行旅是件重要大事，必須先求問吉凶。到了清朝，這種習慣仍在，卻已經沒有那麼大的約束力。一方面是人們——尤其是「讀書人」和商人——出門上路的次數愈來愈多，不再是幾年才出一次門，甚至一生只走過三、五趟遠行；另一方面，也因為路上遭遇變數或危難的情況大幅減少，也就不會那麼在意出門時間吉利或不吉利了。

其次，甄士隱知道賈雨村要上京，就給了他五十兩白銀，這是「行資」，有時也叫「盤纏」。「盤纏」這個名詞的來歷很有趣，是「盤」和「纏」兩個動作加在一起構成的。「盤」是將頭髮盤上去固定好；「纏」則是將褲腳綁起來，也就是「打綁腿」。這兩個動作都是出門旅行前該做的準備。

平常在家裡，頭髮愛怎麼樣就怎麼樣，但在外面，頭髮勾絆卻有可能帶來不測的危險。明末《徐霞客遊記》書裡就有行旅途中遭盜匪搶劫，人從船上掉落水中，因為頭髮散開而溺死的記錄。將褲腳綁起來也是為了避免勾絆，還有防止蛇或昆蟲等動物從地面沿著腳往上爬的作用。

「盤纏」一詞的運用到後來愈來愈廣泛，有了轉音而成的「盤川」，超越了和旅行的必然聯繫，也可指稱一般的費用。如果不是旅行花費普及到眾多人的生活中，是不可能產生這樣的語言變化的。

另外，「盤」與「纏」也成為旅行的固定裝扮，於是明代成書的《水滸傳》中描寫「神行太保」戴宗，他的標準行裝、招牌動作就是在腿上綁四個「甲馬」，讓他可以「日行八百里」。這也清楚反映了當時對於行旅條件的認知。

04 《金瓶梅》看送別，《夜航船》作談資

甄士隱原先不只替賈雨村準備了盤纏，還幫忙看好了日子，但賈雨村沒有等到十九日，而是十六日一大早就上路了，甚至沒有正式和甄士隱道別。近世時期因為旅行的普及，連告別的禮儀都改變了。

在過去，遠行是稀有的大事，有相應的儀節凸顯其重要性。在《顏氏家訓》中就提到，南方人尤其重視送別，送別時應該要眼眶泛紅並有哭聲的，表現其重視與擔憂，視為文化教養中的一部分。因為這一去不只是不知何年何月才能再見，更重要的，路上那麼多變數，遠行的人要承擔各種甚至會危及生命的風險。

北方人因為受到南下游牧民族的影響，雖然也重視送別，然而到了必須分開的岔路口，卻是「歡笑分手」。這種方式看在南人眼中，正是北人沒有文化、缺乏教養的例證。

到近世後期，傳統的送別規範還在，但不見得會真正實行。大部分上路之人，事前都做好了準備，查看過資料，知道路該怎麼走、要花多少時間，不會迷路、不會失聯，也可以計畫好回來的時間。當然離別時就不至於到要哭哭啼啼的難過程度。

在明代，送別變成了社交場合，一群親友藉著有人要上路遠行，相聚吃吃喝喝一番。小說《金瓶梅．第四十九回》，寫西門慶要送別蔡御史，先是書僮舀洗面水讓蔡御史梳洗穿衣，然後西門慶在廳上陪蔡御史吃粥。粥是點心，是正式用餐之前暫時止飢用的。吃過粥，手下去伺候轎子和馬，蔡御史向西門慶再三拜謝，之後兩人一同出門上馬，左右跟隨。到了城外，進入永福寺，由長老方丈擺了一桌酒席，正式餞別。

酒席擺好，來了兩位頗有盛名的歌女，在旁唱歌陪酒。坐了一陣子，蔡御史起身，馬和轎子已在山門外等候。西門慶依舊跟出來，要送到船上，蔡御史堅辭說：「賢公不消遠送，只此告別。」西門慶才終於上轎回頭。

這是典型的近世後期的送別，是結交關係的重要場合。於是會有儀式性送別的，不再是親人近戚，反而是針對不太熟卻有重大利害關係的人，逮住機會獻殷勤、攀拉關係。

賈雨村要上京，用的是甄士隱給的錢，因而可以「失禮」、不正式道別。如果要送別，又要甄士隱破費請客，在這種狀況下就沒那麼必要了。另外，甄士隱替賈雨村打算時，是說十九日可以「買舟西上」，意思是雇一條船走。特別講「買舟」，是因為到了近世後期，交通發達之下，南方走水路有一種更容易、更普遍的方式，就是搭固定行程的航船。

這種在河上航行的船當然不大，不過也不是簡陋的渡輪，通常會有艙房供旅客休息。一個人或兩個人分配到一間艙房，也有類似通鋪、可以擠較多人的大艙。這種船走的是固定航段，只要有足夠旅客就上路，沿途也有幾個停靠站可以上下客。

這種船還有日航、夜航之分，提供在船上過夜的行旅方式，旅客睡覺，船夫趕路，可以節省時間。這當然必須要有相對寬廣且安全的水面，也要船夫對航程水路極度熟悉等條件的配合。

晚明張岱編撰過一本有趣的奇書，書名就叫《夜航船》，內容接近百科全書，蒐集羅列了豐富、瑣碎的知識。張岱在序中明白說：「天下學問，惟夜航船中最難對付。」意思是人生有一種痛苦，就是搭夜航船時要和不認識的人聊天。漫漫長夜，在船上的小空間裡也不可能做其他事，遇上了人總得禮貌性地說說話。可是說什麼呢？萍水相逢，交淺不能言深，那個時代又沒有新聞八卦可以當共同話題，於是就有個習慣，就是彼此「考試」：聽過《水滸》吧，那就輪流講一百零八條好漢的名字？是讀書人吧，那就來說說孔子七十二弟子都是些什麼人？……，用這種方式來打發時間。

張岱是讀書人，偏偏常搭夜航船，所以總會遇到人家帶點不懷好意地問：「請問燕雲十六州是哪十六州啊？」「瀛洲十八學士到底是哪些人啊？」……。於是張岱就編了這樣一本參考書，將他覺得在夜航船上無聊時光中會被問到的問題及答案，都蒐集在書裡。

05 明朝人怎麼搭船？乘輿到飛車怎麼選？

近世後期的水路交通已經分出等級來，最低的是配合眾人的固定航程；再來雖然還是固定航程，但一趟航程只有一位雇主，可以依照雇主需求稍微調整時刻，早些晚些，停哪個碼頭或不停哪個，哪裡多停一會兒或哪裡盡快上路。再高一個等級才是「買舟」，也就是包船，由雇主決定行程也決定時間。另外，船也有大有小，有不同的設備裝飾。

最大的、也最豪華的是「畫舫」，但那不是真正的交通工具，而是提供在水上——湖面或江面上——消閒享受，吃飯喝茶聽音樂用的。用在交通上的船，依照設備和船行速度等種種考量而有不同的高低定價。

類似運輸工具與運輸方式的制式化，也出現在陸路交通上。最低的等級當然是徒步，不過在現實上，除非是逃難，徒步長程旅行已經很少見了。比個人徒步高一個等級的，雖然是走路，卻不必負重挑行李，而是雇一名腳伕跟著走，扛行李並兼有保護、嚮導和陪伴的作用。

短程的陸路可以「乘輿」，就是坐人扛的轎子；稍微簡單些的形式，路程可以遠一點的，有「山轎」；若要簡之又簡，最簡就到四川人用的「滑竿」了。那是兩根竹竿中間架設可供一人置放臀部的小座位，由兩人一前一後頂著走的。

再方便一點，那就騎驢或騎騾，這都是可以負重的動物，步伐穩定，但速度緩慢。再高級一點，那就坐車。車又分好幾種，最下等的是「北方大車」，這種車並不是只在北方有，意思其實是貨車，「大」是形容以載重為主的性質，因而無暇考慮到人坐在上面的舒適程度，也顧不了行走的速度。

宋朝時這種車最早在北方出現，後來普及到全國各地。宋末周密的《癸辛雜識．續集上》中有詳細記錄，說明「北方大車」可以載重四、五千斤，真的很龐大，拉起來當然不容易，必須用十幾頭騾子或十幾頭牛組隊來拉。趕車子的通常是兩個人，一主一從，沿路吆喝，牛、騾乖乖聽命。車子一定要配備好幾個鈴鐺，邊走邊響，幾里外就聽得到，因為要預先讓路上其他的馬或車避開。這種車那麼大，不可能和別人錯車，車又那麼重，也不能要它停下來或倒退，只好提早預告，叫其他人車都讓開。

這種車也無法隨便停下來休息，常常要趁著夜晚路上空曠時好行進，於是趕車的人趕到後來簡直三分不像人、七分倒像鬼了。遇到降霜、下雪，或是雨後道路泥滑陷溺，那可艱苦啊，輪子陷進去，有時一下子連輪軸都折斷了，這時候要修車子，那可是大工程，甚至遷延幾天到十天才能再上路的情況都有。

「北方大車」趕車的工作很辛苦，做這種工作的人社會階層很低，不會有什麼文化教養，所以往往會找妓女到車裡面，甚至也不住店，就在車廂裡隨地辦事，無賴、不堪到這種程度。

從「北方大車」的規模我們就能夠設想：什麼樣的道路系統能夠容納裝載四、五千斤的如此龐然大物經常往來？要有多麼繁榮的商業貿易需求，才會發展出這種顯然將道路載重推到極限的貨運？

比「北方大車」高級的有「太平車」，取名「太平」，特別凸顯不會有危險。這種車只由一頭牛拉著，不只速度慢，如果遇到稍微複雜點的路況，像是泥濘、霜雪等，這種車就得停下來走不了。所以另一層意思就是必須是「太平之人」，閒散沒有急事，有的是時間和耐心的人，才適合利用這種車。

這是「太平車」的本意。明朝時，「太平車」指的是最初等載人的交通工具，到了清朝，「太平車」的舒適程度已有相當程度的提升。「太平車」之上有「半裝半坐」的車，顧名思義就知道這是客貨兩用車。通常套兩頭牛或兩匹騾子，車子比較大，車行也會比「太平車」快些。

再上去一個等次，那是「套車」。叫做「套」的，指的是由馬拉車，而且不只一匹馬，馬共用的拉車桿就叫「套」。有兩層拉桿、至少四匹馬的是「雙套飛車」，還有更誇張的「三套飛車」。「飛車」是形容和牛車相比的行進速度。

06 旅行禁忌變少，建築風水愈發講究

交通發達了，相關旅店也必然興旺。開設旅店在近世後期的中國是一個重要的行業。在這之前當然有旅店，然而要到近世後期，這個行業才高度專業化。以前的旅店多半是住在道路旁的人家以自己的住屋兼著經營的，而到了這時候，旅店的空間是專門給旅客用的，旅店的服務項目也固定統一下來。

旅店不是飯店，並不供餐，但提供讓客人「打火」，意思是你自己帶著米、帶著菜，店家可以給火、給工具讓你燒煮。現代的語言中留下了「搭伙」這個詞，應該就是從「打火」轉過來的。另外「打尖」這個說法，可能也和「打火」有關。有人主張「打尖」的「尖」，本來應該是時間的「間」，指旅店給人休息，就像是租借時間給人似的，這是另一種說法。

在明代，一般的旅店不僅提供休息住宿的地方，提供爐火讓旅客自己燒飯，也提供「濁酒」和冷泡菜配飯。「濁酒」是沒有濾過的酒，大部分都是民家自釀的，製造難度較低，當然品質也不會太好。和「濁酒」對應的是「白乾」，也就是蒸餾酒，看起來純淨透明，製造手續複雜，酒精濃度高，成本相對也高。

旅行普遍之後，相關的禁忌到了近世後期愈來愈少。但相反地，在「住」這方面，也就是建

築的禁忌講究，在這個時代卻愈變愈多。「風水」觀念運用在陽宅建築，基本上是在這時期確立的。「魯班尺」名稱訴諸古老的匠人，但其尺度卻是在明朝才固定下來的。明朝時，由朝廷正式頒訂「魯班尺」的各種法度數字，於全國統一，同時確定了依循「魯班尺」比例的許多「風水」衡量法則。

行旅上「黃道黑道」都不在乎了，為什麼建築反而有更多禁忌呢？因為建築具備了彰顯、示範作用，表明蓋這屋子的、住在屋裡的是什麼樣的人。不講究有所違犯，在眾人眼中，屋主的社會地位就會下降。

講究「風水」帶來許多群體生活上的困擾。例如「風水」規矩第一條，所居之屋要「坐北朝南」，一直到今天，「坐北朝南」方位的房子其房價都還是比較高的。一般鄉間空地大，大家的房子都可以蓋成「坐北朝南」，但到了城市裡，人口密集聚居，有道路走向的設計與安排需要，怎麼可能戶戶都「坐北朝南」？

為了因應風水，在明朝的北京城，就將大門都盡量開在東西向的道路上。南北向道路則都是人家的牆壁，於是城市中的「通衢大道」基本上指的都是南北向的，容易走車馬，少有人停留。但東西向的可就沒那麼好走了，隨時隨處都有大戶或胡同門口，車馬轉彎進進出出。

影響所及，美國紐約曼哈頓的東西橫向道路叫做 street，中文翻譯為「街」；南北縱向道路叫做 avenue，中文則譯成「大道」，剛好符合中國自身的城市習慣。這不是出自什麼都市規劃方案產生的結果，而是風水要求「坐北朝南」帶來的集體安排。

07 官員住所規範及《五雜俎》談南北建築

洪武二十六年，朱元璋在重申驛道不能私用規定的同時，也制訂了官員的住所規範。這是一份既珍貴又很準確的史料，因為我們只要將朱元璋的規定倒過來看，就能清楚查知，當時和後來的人認為怎樣的房子是好的、是最有價值的。愈是被朝廷禁止、視為「逾制」的，對有錢又有能力的人就產生愈大的吸引力。

朱元璋規定不准有「歇山轉角重簷」，這是管屋頂的。基本上屋頂只能有一層，不能用細膩巧匠工法建蓋雙層屋頂。尤其兩層屋頂大部分面積重疊，不只是延伸出來類似雨披的結構，或是因為有閣樓而不得不造兩層屋頂，這是被禁止的。

再來，不准有「彩繪藻井」。「藻井」是屋頂承力結構層層架出的空間，自天花平頂向上凹進，似穹窿，這裡不能做豪華裝飾，吸引人仰頭觀賞。

有特殊身分，受封為公、侯，或是一、二品高官的宅邸，前廳可以有「七間九架」。這裡的「間」是面積單位，「架」則表示四根柱子能支撐的屋頂重量圍出來的空間。中堂、後堂則不能超過「五間七架」，家廟不能超過「三間五架」。家廟屋頂用黑瓦，可以有「瓦獸」，棟、梁、斗拱可以有彩繪，門窗可以漆成金色，為了崇奉祖先，這部分允許最為豪華。家廟再後面的房間，都不可超過「五間七架」。

三到五品官員，規模減為從「五間七架」到「三間五架」；六到九品的，就再減為「三間五架」到「一間三架」。而沒有官品的老百姓，房屋絕對不能有超過「三間五架」的部分。

有這樣的規定，就刺激出明代的房屋競相在「架」的結構算法上想辦法，符合「架」的規定卻做出盡量大的屋內面積。規定不能彩繪，於是一定要違規讓自家在斗拱或藻井有彩繪。

《五雜俎．地部二》中說：南方人能做「無牆之室」[4]，這就是「堂間建築」，將屋頂的全部重量都分配在柱子上，牆壁並不承力，所以即使沒有牆，房子還是站得好好的。北方人沒辦法蓋這種房子。但北方有「無柱之室」，那是倒過來，所有重量都壓在承力牆上，因而牆所圍出來的空間裡，可以完全不用立柱子。南方人沒辦法蓋這種房子。

南方有干欄式建築，為了避免潮濕，將房屋建在木架子上，北方人聽說了卻不敢相信，也無法想像為什麼有這種站在空中的房子。倒過來，北方人有往下挖的房子，屋底下有地窖，南方人聽說了也無法相信、無法想像。地窖在北京就有，更普遍的是在窯洞傳統的河北、山西地帶。

這樣的描述清楚指出了傳統建築的南北差異，是因應不同風土環境而產生的。但到了近世後期，在都市中卻出現一股潮流，以南方建築為典範，視北方建築土氣、落伍。這裡的關鍵差異在於南方木工的複雜度高於北方，所以同樣的房子，用南方的法式建造，就有了可供炫耀之處，等於是另一種變相的「逾制」表現。要用房子來彰顯地位的人，便紛紛放棄北方的法式。

另外，從宋代開始，建築要和園林結合。「園林」表示要有園有林，林傾向自然，園則表現人為的設計改造。唐末五代大亂之後，一些傳統居住區域變得地廣人稀，提供了有錢、有地位的人得以趁機增加居住範圍。到後來，「園林之樂」成為宋代發達的文人文化生活中的一環，士人的房子都講究建築與周圍園林的有機搭配設計。

08 借景、疊石，《園治》的造園之法

到了明代，「園林」的名字留了下來，但對應的內容改變縮小了。首先，存在著朝廷的規約，大家再怎麼想方設法「逾制」，畢竟仍有極限；其次，城市的發展吸引愈來愈多人移居，既要住在繁華大城中，又要求得大面積土地，當然難度愈來愈高。

沒有大面積土地，就不可能保留自然樣貌的「林」；而關於「園」，也因應產生了兩個不同

4 謝肇淛《五雜俎・地部二》云：「江南無閘，江北無橋。江南無茅屋，江北無溷圊（即廁所）。南人有無牆之室，北人不能為也；北人有無柱之室，南人不能為也。北人不信南人有架空之樓，行於木杪；南人不信北人有萬斛之窖，藏於地中。」

的變化方向。第一是「借景」，規劃設計的重點從景物本身移轉到觀看者的視覺體驗，製造出豐富廣闊的假象。明朝經典造園之書有明末計成的《園冶》，其中就大篇幅地討論、指點「借景」運用之法。

造園一定要先「相地」，勘查地貌的特性。有山林地、村莊地、郊野地、江湖地等等，而最特殊的類別是城市地。在城市地上造園，要種梧桐樹，讓重蔭樹影製造出院落深廣的感覺；也要種柳樹，給人有水有堤的聯想。這是用暗示來左右視覺的辦法。

然後要在幾個關鍵之處安放小亭，讓梧桐樹的樹蔭遮覆著。另外有小池子在旁邊，可以從水面映照月影，如此坐在小亭子裡，就會對煙雨等氣候變化格外敏感。再來一定要有書房，要擺設四壁的書和畫，書房外面的欄杆邊上可以種芍藥，稍遠一點的架子上則種薔薇，薔薇最好要依傍著石頭。注意不要用竹編的東西遮蔽視線，那樣會讓空間感覺小家子氣。

窗外還要種芭蕉，芭蕉有大葉子，葉影可不時飄動有致。要有松根露在岩石外面，增添古意和氣勢。

城市地中還有一種更困難的，叫做「傍宅地」，就是自家土地緊鄰著別人的房子。那該怎麼辦？《園冶》書中教你在房子旁邊和後面留下一小塊土地，挖一個小水池，讓活水流經，然後做高一點的假山，旁邊密密種竹子和柳樹，創造出豐富的光影效果。

第二是要用人文氣氛以補景觀之不足。到處多題詩，藉由詩來提點景色的意涵。放一點書在床榻邊，加上幾支釣竿，暗示和自然的親近關係。

要能在小空間中借景造園，「疊石」是重要技巧。《園冶》書中特別強調運用石頭造假山，同時創造一種將大自然縮型的效果。一塊或幾塊石頭，就能營造出山的形狀和意趣，有放大空間的作用，還能夠遮蔽視線，讓不同的角度看過去有不同的景觀。

明代大文人王世貞寫過一篇文章，描述當時的一座名園「景伊園」，其中大部分的篇幅都在形容石頭。他描述從房屋北望，可以看見好幾座山，那都是假山。山有石梯可以走上去，過程中就有高下視線的變化。石頭間還種竹子，石頭堅定不動，竹子則柔軟搖曳。走到假山高處，有一段似乎是凌空的，讓人嚇了一跳，有著在更高處的驚懼錯覺。往下看，看到好多水影，因為居高而不是直接瀕臨水邊，看起來水深不可測，如同淵潭。

還有十幾座亭軒，散落在橋梁和石洞之間。從一座亭聽見水流滴滴答答的聲響，轉個彎繞過另一座亭，才看到盈澈見底的清水池，裡面有幾百隻紅色的鯉魚游來游去。

這一片假山，周圍其實不過五十丈，走過來的路程卻好像已經很遠了，這就是以「疊石」造園所追求的效果。

明朝人的居住環境和明朝人的衣裝有著同樣的價值指引，都是講究能在表面上給人留下什麼樣的印象。在建築上也確立了中國傳統的特色——追求景觀的曲折變化，設計掌控人的視覺，不讓人對建築與庭園一眼望穿。不是自行選擇要看什麼、要感受什麼，而是在建屋造園的同時，便嚴格規劃了人工的呈現方向與順序。

第四講

王陽明與理學新路

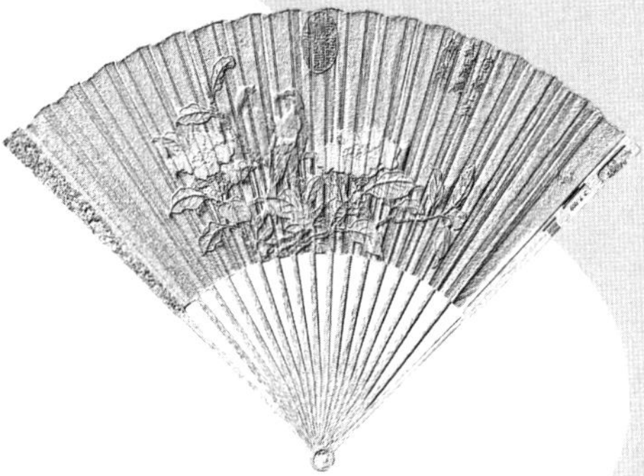

01 心性理氣和佛性：佛教對理學的影響

中國近世史的重要斷代標準之一，是儒學以「理學」形式脫胎換骨再生的現象。中古時期思想上最有活力的是佛教，儒學相較之下只以「禮學」為核心，保存在世家大族內部，維繫門第內的人倫關係，但對外流行的是談虛、談玄，是關於佛理的各種衍義討論。

宋代之後，儒學復興，主要的力量來自於起而和佛教辯論，並且吸收了許多佛教的思考方式及內容，擴張了原本的論理範圍。首先，儒學從佛教那裡借來哲學性的分析觀念，開始談「心性理氣」。「心性理氣」是理學的思想架構，用來分析宇宙的構成、人和宇宙的關係，以及向下解釋並規範人與人之間、人與自我之間的關係。

從周敦頤、張載以降，出現了和佛教互動之後產生的「心性理氣」架構。心、性、理、氣這幾個詞在原始儒家思想中就有，但其原義和宋明理學龐大且複雜發展的結果不可同日而語。

其次，理學受到佛教另一項重大的影響，來自關於「佛性」的討論。誰有資格能夠成佛？佛教修行的理論與方法，是針對什麼樣的人、對具備怎樣條件的人有效？這在原始佛教中本來沒那麼重要，但進入中國之後，卻不斷被抬高其地位。中古時期在中國最受重視的一部佛典是《華嚴經》，其中便有對於「佛性」的長篇說明。人具備佛性，但佛性是普遍的嗎？普遍到每個人都有嗎？什麼樣的人必定不能成佛？那是因為他們沒有佛性，還是別的理由？成佛和道德倫理有關嗎？曾經殺人放火、幹盡世間壞事的人也還是有佛性，具備成佛的資格嗎？

人人都有佛性，是由於各種因緣形成當前現實的「成住壞空」。當下的「住」是過去因緣所形成的，沒有常性也不會停留，這個剎那過去，就又開始變化其因緣湊泊。一切現實都沒有真實常性，如果是這樣，要如何談佛性？佛性也是一時因緣嗎？那如何認定人人都有佛性？

更麻煩的還在於這樣一套想法要和現實連接時，如何將道德倫理擺放進來？誰是好人、誰是壞人，誰比誰好？甚至人如何可以變得比較好，現實中的關鍵問題要如何安放？

佛教進入中國之後，經過漫長的討論折衷，建立了「華嚴宗」的複雜論理邏輯，主張就連「一闡提」——世俗認定無惡不作、罪無可恕的大壞人——都有佛性。這樣的討論過程與結果，強烈影響了理學的構成。孔子去世後到戰國時期，原始儒家分成了很多支派，而在佛性討論的衝擊下，到了宋代，這些支派便以不同的標準重新判定高下。

以董仲舒為代表的漢朝儒家，混和了許多陰陽家的思想內容，而且以《春秋》為最重要的典籍。相對地，戰國時期的孟子、荀子沒那麼受重視。但從西漢末年延續到東漢，孟子、荀子的地位抬高了，不過這兩支基本上不分軒輊。到了宋明理學中，孟、荀可就拉開很大的差距。

孟子的「性善論」可以和佛教「人皆有佛性」的理論連接上，同樣強調人可以透過自我察覺的努力，藉由修道、悟道來自我提升。理學因而有強烈的「內向性」，和佛教一樣重視內在的醒悟，而輕忽荀子那樣講究外在紀律與訓練的路數。

02 強調個人、凸顯自在自由的「學」

和原始儒家相比，理學更強調人的內在、人的思想與體悟。「程朱」一派主張「性即理」，意思是我們的本性便是「天」所賦予的，每個人天生便在自己的身體裡含藏了天地自然的道理。每一個人都和天地有著本能、神祕卻自然的連結呼應。

強調「每個人」，這也是受到佛教影響而產生的一種對於個人的重視。理學竟然重視個人？由於朱熹的「四書」後來成為科舉考試的標準教本，幾百年間準備考試的學子都必須反覆背誦其內容，產生了高度集體壓抑的效果，以至於講起「理學」，很多人的印象都是相反的。理學不就是「道學」，「道學」不就是那種拘泥字面、虛偽作態的「假道學」，不就是中國社會之所以僵化、之所以腐敗的根源嗎？

這是我們從理學的政治效果、社會效果無可避免得到的推論，從歷史事實上看不能說有錯，然而這種看法對於原有的理學思想卻是極度不正確、不公平的認識。相對地，沒有這樣根深柢固印象偏見的人，如果專注認真地看待理學的主張與道理，會對理學有很不一樣的解讀。

像是美國哥倫比亞大學榮譽教授、西方漢學大家狄培理（William Theodore de Bary, 1919-2017），他在宋明理學研究上有很大的貢獻，最主要就是極具說服力地提出了「中國的自由傳統」

概念。中國在受到西方衝擊，從西方傳來哲學上、政治上的自由主義（Liberalism）之前，傳統上其實已有自身的另一種探索自由、強調自由的思想系統存在。

理學或道學的源頭是唐朝韓愈，他的〈原道〉被認為是道學的奠基文獻，提出了「道統」的觀念。「道統」指的是一份從歷史傳下來的真理，傳到當下由我承擔的精神和信念。談「道統」，必然意味著舉世滔滔有多少不同的意見、不同的說法，包括有政治權力支持的其他信仰，然而我選擇站在「道統」這邊，願意付出代價以堅持「道統」。「道統」因而必然牽涉到個人選擇，牽涉到承擔的勇氣。而韓愈成為理學家追摹的對象，也因為他不只寫了〈原道〉說道理，還有「諫迎佛骨」的真實事蹟，敢於為自己的信念衝撞皇帝，並為此付出嚴重代價。

由這樣的精神而衍生出對於「學」的反省。人到底為什麼而學？又應該學什麼？回到原始儒家，有荀子所說「為人之學」與「為己之學」的區別。讀書為了考試、為了求取功名聲譽，這都是「為人之學」，都是荀子明白貶抑為「小人」的學習。相對地，真正有價值的是「君子」的學習，是「為己之學」，讀書最主要是為了讓自己成人，做個有信念、有原則、像樣的人。

理學剛建立時，周敦頤教導程顥、程頤兄弟，提出了一個大課題——考察孔子、顏淵之所以樂。沒有錢、沒有名、沒有權力，甚至不見得有未來的希望，他們還能樂什麼？他們樂在學習，樂在發現真理，樂在知道自己成長變好，樂在知道自己實踐真理，沒有違背自身的信念。

「學」因而成為個人的、私我的，別人無法替你規定。真正的學問是「自得於心」，你有自己的體會，並且因此得到一份自在快樂，那也無法交給別人，每個人都要自己去追求、去學習、去體會。

這樣的知識學問既強調個人，也凸顯那份自在、自由的重要性。

03 理學躍動著道德英雄主義的氣概

如此的思想價值轉向也和佛教有關。佛教講「解脫」、講「得救」，而佛教的終極解脫，人類生命的最後歸宿，是徹底離開輪迴苦海，進入寂靜涅槃。那就不是集體性的，而是每個人都自己進入涅槃。

佛教的這種個別性，一度使得有著強烈社會紐帶、原本在死後世界的想像中都要牽親帶戚的中國人很難接受，於是「菩薩道」在中國大為發展，成為佛教中國化最鮮明的性質。「菩薩」是已經可以入涅槃、卻還留在塵世間救度他人的人，也就是捨棄了永恆之恬樂、願意繼續忍受時間變化之苦的人，更重要的，也就是捨自我之樂而保有群體責任感的人。這種掛念群體的價值觀，比較能夠讓中國人放心。

不過「菩薩道」產生了另一種自我意識——已經修到可以入涅槃，卻自我選擇不入涅槃。這選擇必定是自己的，一份自我犧牲的意志也才值得佩服，才能有那樣的精神感召力量。

強調個人自主選擇的思想，從佛教進入了理學，使得原始儒家外在與內在的雙向論理，其中內在的部分變得愈來愈重要。原始儒家源自封建制度有外在「禮」的規範，又加上探究並理解「禮之本」的內在面向；到了理學的復興重述中，外在的「禮」相對不那麼重要了，注意力轉到了內在的「理」。

人能夠活得像樣，主要不是憑靠外面的「禮」來規範你的行為，而是由更強大的、從內在發掘體會到的「理」，自覺地依照「理」來做人行事。也就是要有自我抑制與自我選擇，依循「天理」而遠離「人欲」。

這些最根本的理學主張，和後來理學的僵化酸腐形象很不一樣，其背後其實隱隱躍動著一種道德英雄主義的氣概。從韓愈以下，到理學的開創者，他們特別在意人們處於逆境的選擇。當世界明顯違背你所相信的真理原則時，該怎麼辦？不是蒙起外在的眼，假裝看不到違理的現實；也不是蒙起內在的眼，假裝沒有那超然永恆的真理，而是要明確地堅持「理」，必須對抗現實就坦然承擔。

04 理學家吳澄對「豪傑之士」的探問

元朝理學家吳澄在〈謁趙判部書〉文章中，討論「然則何如斯可謂豪傑之士」？他帶點自豪地說「我朱夫子」，表示自己傳承朱熹，認朱熹為自己的老師。他先提到朱熹的答案是「才智過人者」，作為「豪傑之士」的定性描述；再來提出自己的進一步解說，重點放在「過人」二字，也就是要有與其時代、環境相比高於一般人的特殊能力。

接著他舉例：戰國時期，天下之人都為名為利而奔走，為了奪得名利，甚至不惜做出欺騙社會、不名譽不光榮的事，原本最重要的仁與義無法得到實踐；再加上還有楊朱、墨子等混淆視聽的理論滔滔流行，將天下弄得更糟。當時孔子的弟子也都凋零殆盡，就在這樣最糟的境況中，出現了孟子。

孟子徹底違反時代流行，既不趨向功利，也不被楊、墨的理論困惑，堅決立志學習孔子的正道，這是何等的勇氣啊！孟子「過人」之處，就表現在當時一般風氣皆棄絕孔子，但他非但不受影響，更堅持自己看到、認知的真理，挺而與時代風氣對抗。這樣的氣魄造就了「豪傑之士」，也是靠著孟子的這份氣魄，得以將孔子的真理傳遞下來。

然後吳澄還有這一句：「以戰國之時而有孟子，蓋曠世一人而已！」很清楚地，這裡沒有苟子，整個戰國時代只有孟子一人，因為他能夠對抗自己所處的時代，敢於和眾人不同，也就是敢於堅持自我，信守自己所領悟的真理。

在孟子之後，孔子的學問道理又失傳了，歷經秦漢、三國到隋唐、五代，超過一千年的黑暗時期。這段漫長時間中，儒家只剩下一些教僵化陋習的「俗儒」，更多人則是被佛教、道家那些非常可怪之說所吸引，沒有出現任何一位「豪傑之士」。唯一勉強的例外是韓愈。

到了宋朝，有了文化上的大突破，出現了許多擁有特殊才能的人。周敦頤、張載、邵雍、程顥、程頤等人幾乎同時崛起。他們崛起的背景是什麼？學校裡都教些沒有價值的內容，學生們都學些亂七八糟的東西，但周敦頤竟然自己體會出中斷了千年的真理，而「二程子」（程顥、程頤兄弟）又獨具慧眼選了周敦頤為老師。邵雍則具備了能夠洞視「天地之化」的奧妙道理，整理出最精微象數規律的能力。

這些人對吳澄來說，都是「蓋世之豪傑」。因為他們突出於一般世人之上，他們敢於不與世人彈同調，而追求世人看不出價值的真理，這是最珍貴、最了不起的。

吳澄又繼續說：他們的豪傑成就在時間中又被磨損了，到了南宋，距離二程子、張載他們的時代將近百年後，在偏遠的福建出現了「朱夫子」朱熹。朱熹是新一代的「豪傑之士」，孔子的學問真理在他手中有了集大成的匯聚整理。

但是從朱熹的時代到吳澄寫這篇文章時，又過了將近一百年，吳澄問：「以紹朱子之統自認者，果有其人乎？」現在可有能夠以同樣的勇氣與決心繼承朱子的人嗎？這不是真正的問題，毋寧是豪邁的感嘆句，意思是：我就是認同這種「豪傑之士」生命價值觀，義不容辭要來繼承朱子的人啊！

很清楚地，在吳澄這樣的理學家心中，「道學」可絕對不是保守無趣的靜態繼承，而是有著慷慨激昂的英雄氣息。在沒有人懂得、沒有人在乎，甚至多數人背道而馳的時候，自己決心要堅守這個立場。

05 回返初衷的清理，許衡和劉因的選擇

吳澄在宋、元之際表白這樣的立場，從他眼中看去，理學在宋朝並非主流，當然到了宋朝滅亡後，更有了新的存亡危機。從歷史事實上看，理學的發展到朱熹是重要轉捩點，靠著朱熹的努力，理學取得了特殊的地位，建立為正統，成為士人學問上的權威。

吳澄想像的那種早年「道統」的困境，其實到朱熹之後基本解決了，學習儒學、承擔「道統」不再是令人意外、違背潮流的選擇。然而金人占據北方，蒙古人進一步威脅南下，使得「道統」再次受到危害。新的社會風氣是依附蒙古人，學習蒙古語，和有權力的蒙古人、色目人應酬

交陪；其次也可以聽命於蒙古人，接受政權所給予漢人、南人的政治與社會角色。

蒙古人當然不會重視儒學，於是「道統」、理學再度受挫。但從理學的根本信念上看，這不見得是壞事，因為如此處境正呼應了理學建立之初所具備的那份悲壯豪情性格，將一些為了主流與權勢而趨附過來的人趕出去，等於對理學內部進行了一次「回返初衷」的清理。

和吳澄同輩的還有兩位儒者——許衡和劉因，劉因恰好和吳澄同年出生。許衡、劉因兩人都是朱子的信徒，熟讀朱熹的文章與理論。他們都認定「朱子之學」是天下至高的道理，也是個人人生的中心指導。

然而有意思的是，在各方面都如此相似，也都以「朱子之學」為人生哲學指南的這兩人，在關鍵的政治參與上卻有著截然不同的選擇。許衡在元朝扮演近乎「國師」的角色，在蒙古人理解漢人、訂定對漢人政策上有過相當的影響。劉因卻終身不仕，和元朝政權保持很遠的距離。

兩人的現實選擇差異，並非意味著對於「朱子之學」誰讀對了、誰讀錯了，而是表現出從宋末到元初，理學回復到原本的個人自由本位態度。許衡和劉因都讀朱子，但他們必須自己做出決定，自己找出承擔的方式，不會從朱子的著作中得到標準答案。

許衡選擇將理學、尤其是朱子的道理用盡量簡白的文字，甚至以蒙古異族的語言，說給新的統治者聽。這是他出仕的理由。劉因則選擇不和權力靠近，以便堅持從朱子那裡學來的為人處事的道德原則，不因威脅或利誘而妥協。兩人都相信自己必須在這非常環境中承擔「道統」，而承擔的第一步，就是做出對得起自己良心的個別決定。

06 理學在明朝受到「成功的詛咒」

到了明朝，情況又出現巨大變化，甚至影響了理學的根本精神。此變化又和朱元璋有關。從一個角度看，朱元璋也算「道統」中人，有意識地協助復興了理學。朱元璋將「朱子學」定為官學，規定科舉考試要以朱子的《四書集注》為主要教本，也就是以朱子的思想為標準答案。

不過從另一個角度看，朱元璋和士人的關係大不同於建立宋朝的趙匡胤。趙匡胤是真的感覺到需要士人的協助，以解決上百年武人亂政的問題，徹底建立完全不一樣的統治方式，尋求王朝的安定延續。他具體訂定「重文輕武」的王朝基本性格，藉由擁有文化與思想能力的文人來阻擋武人繼續像唐末五代那樣荼毒社會。

另外，趙匡胤也要藉考試取得地位的士人來徹底消滅僅存的豪門勢力，建立一個單純取決於文化能力、文明程度的社會流動機制。低階層的人家可以靠讀書考試向上提升，原本位於高階層的人受到威脅，不能一直理所當然地維持地位，就再也沒有豪門貴族了。

朱元璋表面上廢棄元朝的制度，重新和士人建立緊密的政治關係，然而在宋、元之後，漢人社會已經平整化了。軍人沒有那麼大的勢力，雖然元末一時各方部隊蜂起，也無法改變文化中已經深化的輕視武人的價值觀。天下一統後，武人很快就退回為背景角色，即使是將領們也都根基短淺，不像唐末五代有長期盤據的藩鎮。所以朱元璋自己就能夠處理、排除武人在統治上的分權威脅，不需要士人的協助。

另一方面，朱元璋也不需要借用士人來壓抑豪門，因為社會上完全沒有貴族能夠存在的空間。於是朱元璋將士人視為行政上的工具，由君王來運用，位階上絕對低於君王。如果說宋朝是「君王與士人共治天下」，那麼明朝的統治模式毋寧更接近「君王與宦官共治天下」，而士人只是君王統治意志的執行者。

宦官永遠在宮中，不只和君王親近，更重要的，他們不會在君王看不見的地方厚植自身實力，形成統治上的威脅。相對地，士人有家族系統、有地方實力，也就有發展為可與朝廷分權的潛在可能，無法獲得君王真正的信任。宋朝建立起的義田、講學風氣，到了明朝後期，卻被朝廷強力抑制，就是這種不信任的明顯表現。

這樣的權力架構變化，給理學帶來無法預見、因而也無法抵禦的重大打擊。表面上看，理學是正統、是標準答案，骨子裡也就使得理學沒有了發展的可能。理學的想法、說法都被考試制度固定下來，新的想法、說法不只必須通過朝廷認可，還會牽涉到多少考生背誦答題的準備！

理學在明朝受到了「成功的詛咒」，成功地提高了地位，非但不再被打壓忽略，還成為朝廷意識形態的正統。然而也因此失去了原本理學之所以成立、之所以吸引人的那份英雄豪氣，當然一併也沒有了豪氣所帶來的對於個人選擇、個人道德承擔的強調。

07 道理早於聖賢存在，追求「自得之學」

理學在明朝固定成為一套答案，不再是活的、變化的、可以應對真實生活的思考，而是培養、選拔官僚的手段。

明末清初黃宗羲編撰《明儒學案》，挑選吳與弼為明朝前期的理學代表人物。吳與弼的核心思想是認定：最了不起的聖人是堯、舜、周公、孔子，建立了質上面的至高典範，無以復加。但是換從量上看，後世還是需要人才，來增加、補足聖人的量。在程度上，不可能超越堯、舜、周公、孔子，但是不能一直只有遠古的這些聖人，要有人想辦法追摹學習聖人之道，讓自己成為和聖人一樣的人。

必須要有一種志氣，也就是每天發一個念頭、做一件事，都彷彿看到聖人就站在眼前，以聖人為標準來檢驗自己、提升自己。

吳與弼的成就在於將成為官學的理學重新內在化，重新和士人的生活、修養聯繫上，讓理學有可以改變生命的力量。他一輩子沒有做官，在給朋友的信中陳述了他的精神與追求：

足下又云，雖能一時理會紙上陳言，於身心竟無所裨，此語尤有意味，正好商量。蓋人患不

知反求諸己，書自書，我自我，所讀之書徒為口耳之資，則大失矣。（〈復日讓書〉）

世俗之人不理會我，我以他們的態度來自娛；世俗之人嘲笑我，我也因他們的嘲笑而感到自得。我每天光是努力要親近聖賢都來不及了，哪還有閒工夫去理會其他的？最糟糕的無過於不懂得將書中道理和自己聯繫上。書是書，我是我，讀書只是從耳朵進去、從嘴巴出來，表現給人家看的而已。

黃宗羲明瞭明代儒學在此點上得到了突破，強調理學是內在的學問，必須和自我生命發生真實的關係，而不是拿來外在表現的。吳與弼之後有陳白沙，他講學最重視的就是「自得」。「自得」不只是自得其樂，而是所有的一切知識都要回返心上，成為自體生命的內容。那不是別人給你的，是你透過親近聖賢道理，予以實踐而自身獲得的。

陳白沙強調：學聖賢，就真的要去「學」，真的去模仿聖賢的作為。不要只是羨慕、崇拜聖賢，當個旁觀的粉絲，那樣的心情維持不了太久、走不了太遠。沒有下工夫內化聖賢道理與聖賢行為，日子稍微久些，因為沒有行為實踐的根底，連心意也會廢弛了。

在《孟子》書中讀過，說人有惻隱之心，看到無辜孩子快要掉入井中，一定會出手救助。不要停留在羨慕、崇拜孟子能說出這麼精要的道理，而要思量這麼精要的道理就算孟子沒有說，你是不是還要奉行？道理比孟子更重要，就算沒有聖賢說過，沒有前面的權威可以依賴，只要自己想通了是有道理的，一樣要實行，不能停也停不了。這叫做「自得之學」。

他認為一般士人以讀書了解聖賢不是真的學，那麼真的學要學什麼？學為自己做決定的能力，將自己當作聖賢，而不是因為聖賢教過了就照單全收。在聖賢之前，沒有人告訴他們答案，他們是自己摸索出來的，也就表示道理、答案早於聖賢存在，獨立於聖賢存在。你要更加自尊自重，去獨立尋找道理、答案，去追求「自得之學」。有所得，是因為內在有一股力量讓你體會這是對的，讓你非如此做不可。

08 王陽明貶謫龍場驛丞的政治現實

從吳與弼到陳白沙，他們提出了人和學問之間、人和聖賢之間的不同關係，這也就是王陽明思想的主要背景。而王陽明的影響遠超過吳與弼和陳白沙。

王陽明出生於一四七二年，到一五二九年去世，是浙江餘姚人。一四九九年明孝宗時中進士，六年之後孝宗駕崩，有名的明武宗正德皇帝，即戲曲中《遊龍戲鳳》的主角即位。正德皇帝之所以成為戲曲主角，一方面因為他曾在正德十四、十五年間遊江南，讓民間留下了深刻印象；另一方面，他也有很多荒淫胡鬧的事蹟。

朝鮮派到中國的大使留下來的史料記錄中，有一段對於朝鮮皇帝的稱頌，以中國皇帝一個月只上朝兩次，對比讚頌朝鮮皇帝每月上朝有二十多次，真是勤政。而且中國皇帝不住在正式的宮殿中，卻住在「豹房」裡，只為了在那裡可以不受原本皇宮禮儀的約束，方便皇帝過放浪淫亂的生活。

正德十四年三月，皇帝宣布要南巡，多位大臣書諫反對，皇帝看了很生氣，就下令翰林以下相關的一百零七位官員在午門前罰跪五天。另有考功員外郎夏良勝等六人下詔獄，白天戴著鐐銬跪，晚上繼續關。有一位武官張英，是武科舉出身，讀過書有一定的知識水準，他刻意阻擋皇帝車駕，以刀自刺胸膛血諫，雖被侍衛奪刀，但後來遭杖責八十身亡。一百多位官員罰跪五天，皇帝卻還沒消氣，又將一百四十多位官員處以杖刑，其中十一人慘死在杖下。

因為朝廷的大騷動，皇帝暫時收回成命，不去南方了。但六月接著爆發了寧王朱宸濠叛變的「宸濠之亂」，皇帝還是在八月以平亂為由到了南方。隔年在南巡返京途中皇帝一度落水，緊急被救起來，卻因此染疾，回到北京後沒多久就駕崩了。

武宗在位時重用宦官劉瑾與所謂的「八虎」。[5]這些人是他當太子時就在身邊服侍的，他剛

5 《明史．宦官列傳一》「劉瑾」條記載：「武宗即位，掌鐘鼓司，與馬永成、高鳳、羅祥、魏彬、丘聚、谷大用、張永並以舊恩得幸，人號『八虎』，而瑾尤狡狠。嘗慕王振之為人，日進鷹犬、歌舞、角觝之戲，導帝微行。」

即位時，孝宗朝的老臣們對這些人有意見，意圖將他們從皇帝身邊趕走。皇帝當時忌憚老臣，就提議將以劉瑾為首的「八虎」遣放到南京。老臣中有鷹派、有鴿派，鴿派傾向同意皇帝的提議，鷹派則主張對這幾個人必須除之而後快。

劉瑾等人於是求見皇帝，痛哭跪求，皇帝被說動了，就又改變主意，任命劉瑾掌管「司禮監」。「司禮監」這個名稱聽起來就只是主管宮中禮儀的，不過司禮監首領往往兼掌「東廠」，這是執行詔獄的特務機構。劉瑾任內，又在「東廠」、「西廠」之外設立了一個「內行廠」。

因為這樣的過程，劉瑾當然痛恨外朝士人，自武宗政權之初，就醞釀了宦官和士人對立的氣氛。正德元年，王陽明在劉瑾當權時便因為上書搭救同僚而惹禍上身，被皇帝下令「杖四十」。「杖四十」是很嚴重的懲罰，打下來是「死活之間」，看你的運氣好壞，也看你原本的身體狀況，可能被打死，也可能活著卻留下嚴重的傷殘後遺症。

王陽明在朝堂上被打得死去活來，活過來後就被貶謫到貴州龍場去當「驛丞」。

09「某於此良知之說，從百死千難中得來」

明朝皇帝對待士人的手段惡毒凶殘。正德三年，劉瑾在御道攔下一份要送呈皇帝的密告，是詆毀他的奏章，但不知道是誰寫的。劉瑾竟然就以皇帝之命，要所有官員都到奉天門下罰跪，跪到有人出面坦承為止。跪了一天卻沒有人承認，於是命五品以上官員天黑後可以回家，五品以下的則集體羈押。後來查出這封密奏不是大臣寫的，而是宮中的一名宦官，那些被羈押的大臣才被釋放出來。

王陽明也不過就是上書為同朝遭劉瑾問罪的大臣辯解，就幾乎惹來殺身之禍。而且他當時的身分是前朝弘治年間進士，已經有八年資歷的官員。廷杖沒死，接著還要受活罪，發配到貴州，這在當時又是另一樁生死之間的懲罰。那是「瘴癘之地」，很多中原的人去到那裡都會染病，很高比例就死在傳染病下，再也回不了中原。

堂堂一位八年資歷的進士卻去當驛丞，管極度偏僻地區的一處驛站，這又是多麼嚴厲的降等。遭遇了一連串完全無法想像的挫折危難，王陽明在龍場獲致了思想與精神上的主要突破。

在此之前，他依隨主流，認定朱熹思想是真理，在龍場遵照「程朱」的「格物致知」理論，努力「格」竹子。朱子學中認為每項事物都有其道理，而萬事萬物的道理又是彼此互通的，所以講究仔細研究一項事物，窮究其理，經過累積，就能通達完整的天理。然而王陽明「格」竹子「格」到生病了，都沒有「格」出什麼關於竹子的道理，更不用說碰觸到天理了，反而因此深刻體會到這條路是行不通的。

他的思想於是進入一個新的階段：即使像朱熹那麼了不起的人，都有見不到之處，當他的方法對我無效，當他的道理無法說服我，我不能因為他是朱子就捨己從人。

接著他又讀了很多佛教、道家的著作，和自身的災難性經驗做比對，才產生了後來對學生說「某於此良知之說，從百死千難中得來，不得已與人一口說盡」[6]的領悟。他的領悟和吳與弼、陳白沙的思想是相通的，也就是——真正的信念是從具體的生命考驗中生出來，而不是從書本裡讀來的。

他再三強調「百死千難」，凸顯那樣一份存在的疑惑與困擾，必須尋求解決。因而得到的不是知識上的答案，而是存在上的解決。他進一步擴大自己和朱熹之間的差異，上追陸象山作為思想的源頭。

10 「好惡之知」而非「聞見之知」

朱熹是個集大成者，要將所有的理——人倫與自然之理——全都統合在一起，這樣的野心是感人的，所成就的龐大系統也是驚人的。這套系統的軸心在「性即理」。

有天理管轄萬事萬物，那我們如何認識天理？天理就在我們內在的本性中，人的本性是按照天理形成的，因此我們作為人，就取得了認識天理的基本能力。天理不是外在、陌生、不相干的。我們靠這份親近性與理解力，去研究萬事萬物，逐漸「格」出其道理，剛開始是認識事物的個別道理，累積到一定程度，「感而遂通」（語出《周易》），理連結起來，於是天理對我們彰顯了。得到了通盤的天理，也就是天理流行。

王陽明在龍場，決斷地將朱熹的系統一剖為二，事理歸事理，人理歸人理。簡單直截地說，就是：怎麼可能從竹子的道理聯繫到了解做人的道理？這兩者不是像朱子理論中假定相通的，而

6 出自《王陽明全集・順生錄・年譜二》，為王陽明五十歲居南昌時對弟子陳九川所言，完整句子為：「某於此良知之說，從百死千難中得來，不得已與人一口說盡。只恐學者得之容易，把作一種光景玩弄，不實落用功，負此知耳！」

是明白斷裂不同的。

作為人，當然是學習人的道理比較重要。在此，王陽明對於「知」有了新的定義。《傳習錄》中，王陽明先刻劃了什麼是理想的社會。投射在「唐、虞、三代之世」，即堯、舜、夏、商、周的時代，老師只教一件事，學生也只學一樣東西——世間之人是一體的。我看待所有的人，和看待我自己，在保護安全、提供教養的基本條件上都是一樣的。

在那樣的理想社會中，所有的人都只有一種想法、一種價值觀。很自在就能實踐這個觀念的人，是聖人；經過努力能夠做得到的人，是賢人；而如果在這個態度上有所違背，不管再怎麼聰明有能力，都被當作「不肖」之人。

而且這不僅限於讀書人，各種行業，從城市到鄉間，農、工、商賈都一樣學這個，重視能夠成就這樣的德行。換句話說，這項學習、追求與行業無關，也和行業所需要的技能無關。那個時代沒有亂七八糟的說法和理論，沒有要人家背誦的知識，沒有氾濫的文章詞藻，沒有功利競逐，只遵循最簡單的原則：孝親、尊長、信任朋友，去除個人自我中心，回歸和其他人為一體。

學校裡的教育只以成就德行為目標，其他就任隨個人去發展不同的才能。有在禮樂方面有才能的，在政教方面有才能的，在水土播植上有才能的……，學校在他們成德之後，才幫助他們在才能上精進。

過去的聖賢們，如皋、夔、稷、契這些人，有的管刑法，有的管禮樂，有的管稼穡，有的管教育，卻都是平等相處。精通農耕的稷，他完全不懂教育，卻不會因而感到羞恥。

也就是說，知識、才能這方面的「知」是分散、多元的，而且往往是依照自己的性向就能追求的，不需要特別去學，也不需要特別去教。物理與事理既然是分散的，每個人按照自己的才分各自發展即可。在理想社會中，一個會種田的，不必羨慕會講課的，因為那只是不同性質的能力，不是作為人的關鍵。

作為人的關鍵，特別要教要學的，如果沒有學好學會要感到羞愧的，就是「好惡之知」，能夠知好歹，能夠辨認是非。每個人的內在應該都有一個共同基礎，那是社會能成立、能運作的大本大源。

王陽明談「知」，指的都不是「聞見之知」，不是知識，而是更根本的好惡是非判斷。這種「知」的原型，是我們看到壯麗的大山大水會被感動，會知道這是美的；我們聞到廚餘會知道那是臭的。這種知識是「良知」，也就是與生俱來的判斷力，當人正常的時候，就能夠發揮作用，能夠分辨是非好壞。

你知道活著比死了好，你知道健康比生病好，你知道用腳走路是對的，顛倒過來用手走路是不對的。你知道什麼樣的東西你會愛吃，什麼樣的東西絕對不能吃、不會想吃。這才是真知，才是王陽明重視的知識，是和我們具體、當下的行為相關的知識，作為我們行為依據的知識。

11 知行合一，將扭曲良知的各種因素掃除

從這樣的「知」推衍出來的，是王陽明「知行合一」的理論。

王陽明的弟子問：我知道「孝」的道理，應該要孝順父親，但就是做不到。自己身上的例證不就顯示了「知」和「行」是兩回事，如何說「知行合一」呢？

王陽明回答，那就表示你沒有真的「知」。真正的「知」既然是「良知」，是本能的好惡，那麼同時、當下便產生了行為動機。知道美，必然產生愛美的心情，以及想靠近美的衝動，那就是「行」，不可能維持在靜態的「知」。聞到了臭味，這項訊息一定同時帶來想要避開的念頭，有了掩鼻或走遠的行動。

這不是兩回事，是同一回事。不需要先知道了，然後說服自己應該要掩鼻或走開，更不需要慢慢、反覆地推論到底該怎麼辦。這種「知」本身就帶著「行」，「即知即行」。

「知」與「行」的分離，是因為所「知」的內容或方式是錯誤的、是假的，將「人理」當成「事理」或「物理」來認識。你知道竹子如何生長，你知道該怎麼養竹子、長竹筍，這可以單純地「知」，沒有相應配合的「行」。但如果你認識竹子的方式是體會竹林中的幽靜、聆賞風吹竹林的妙音，那麼你便會不自覺地朝竹林中深入，或在竹林邊多停留一段時候，那豈不就是「行」

了嗎？那樣的「行」又怎麼可能和「知」分開呢？

王陽明訴諸「性善」，承襲《孟子》，認定每個人都有「好善惡惡」的本能，喜歡美好的，必定親近美好、避開醜惡。可是為什麼人人都有「良知」，但不是人人的行為都一樣？因為心的本體不會總是、隨時反映出善惡好壞來。

借用禪宗的比喻，人的「良知」像一面鏡子，正常狀況下會立即照出事物的模樣，是好是壞清清楚楚。然而人一生下來，和外界接觸，這面鏡子就開始受到各種欲望、經驗與扭曲教導的汙染。如果上面沾滿各種汙跡，表面產生不平起伏，那麼鏡子上顯像的就不會真實了。

於是雖有「良知」，但不見得人人的「良知」隨時都在正常運作。也因此重要的工夫不是去外求事物的道理，那是「事理」、「物理」，而是要檢驗、打掃自己內在的「良知」。這樣的工夫叫做「致良知」。

真正值得學的只有「人理」、「良知」，相應地，學習的方式不是外求的、累積的，對外追求再多「事理」、「物理」，無助於認識自身「良知」的狀態。「知」的程序與方向，毋寧是往內的、減法的，將扭曲「良知」的各種因素予以掃除，還原「良知」，也就是恢復「即知即行」、「知行合一」的本源狀態。

「知」是要廓清心體，藉由諸如主靜、打坐、慎獨、默視等做法，使得人能夠再度明白「孝」是好的，立即生出實行「孝」的衝動。

12 大詐偽時代下逼出的王陽明思想

王陽明的「知行合一」理論，仍然和自身「百死千難」中的存在反思有關。

他所處的時代，包括他自己差點被打死的劫難，指向一個嚴酷的問題——從政治到社會上的「言行不一」。他不過是上疏說了幾句自己相信的話，他自認應當的是非判斷，就招來差點送命的懲罰。擴大來看，這樣的環境使得人「信言不一」、「信行不一」，想的、相信的是一回事，說出來、做出來的是另一回事。如此豈不就是個全面的「大詐偽時代」？而且到後來，迎合欲望與利益的詐偽言行，會內化、遮蔽、改造一個人原本真實的信念與信仰。

王陽明要從思想和理論上徹底解決這個問題。在一個層次上，他堅持你如何想、如何感受就該如何行為，這中間是直接、直覺的連結，去除掉其他利害的考慮。如果有猶豫、有算計，那就表示所信與所言所行之間有了距離，你缺乏勇氣或陷於貪溺而無法讓自己真誠。

「誠」因而是極端重要的美德，在實踐上就是「不自欺」。在另一個層次上，王陽明太清楚要誠實活著，所信與所言所行合一，那需要很大的勇氣。所以他主張以學習、修養的方式，去除從思想到行動之間的猶豫和算計空間，回到本心直覺上，良心上覺得是對的、是好的就去做。

在「知行合一」理論中，任何遲疑與衡量都不好、也都不對，要訓練到自己能夠憑藉「良知」而

「即知即行」。

這樣一套理論有其堅實厚篤的時代與社會背景，本質上是對於現實的一份嚴厲批判。儒學變成了「官學」，產生醒目的「庸俗化」、「空洞化」傾向。那個時代的讀書人，讀的明明都是儒家關於人倫行為的道理，可是讀的時候只當作考試背誦的內容，完全不落在現實行為上。這樣的現象愈來愈荒謬，也愈來愈使得其他人看不慣讀書人的明顯虛偽，讀書人的地位愈來愈低落。

王陽明重新定義過後的「知」，就像在暗夜中看見腳邊一塊東西，你定睛檢查、比對，突然確知那是一坨狗屎，那一瞬間你必然立刻將腳移開，必然有讓自己遠離的行動。看待人倫德行，我們也要用「知」的態度去探索，不是渾渾噩噩地依照習慣或前人的規定，那是鑑別之「知」，產生判斷領悟的當下，必然伴隨著行為。判斷是「善」，那就當下去做；判斷是「惡」，那就當下去改。判斷是「是」，那就當下趨近；判斷是「非」，那就當下撤離。

王陽明最大的貢獻，在於碰觸到明朝社會最嚴重的問題——看重外表、內在空虛、愈來愈作偽的風氣。穿衣服重外表，蓋房子重外表，文人讀書也重外表能炫耀什麼，而不是內在人格與真實行為應遵循什麼樣的原則。

程頤、朱熹都「主敬」，王陽明轉而強調「誠」。「敬」是外表看得出來的態度，「誠」卻是內發的，同時又規範了內外關係。知道什麼就做什麼，如何想就如何表現，這樣的內外關係稱之為「誠」。

一切都要回到內在的真實，如果不能和內在的知識、信念聯繫上，那就是「不誠」，那就是假的，所以說「不誠無物」（語出《中庸》）。

從一個角度看，如果不是那樣愈趨於詐偽的明朝社會風氣，不會逼出王陽明這樣的思想；換另一個角度看，要是沒有這一套「王學」，或在明朝稱為「陸王之學」，沒有王陽明思想的巨大影響，明朝社會恐怕還會更糟糕，明朝可能要滅亡得更快一些。

13 每個人心中自有真理的後遺症

王陽明的理論一時風靡。他提出一條明白、簡單的原則，你從書中讀來什麼好壞道理，不能放在身外，必須進入內心訴諸良心判斷，如果是對的，那就立即去實踐。聽到這種「知行合一」的解釋兼訓令，很多人都有恍然大悟之感，也都受到了強烈的道德刺激。不過我們也很容易察知，這樣的理論會帶來的種種後遺症。

王陽明的思想是對應明朝社會問題而產生的，像是強而有力的短拳，拳拳都有效打中對手。不過他沒有腳步上的系統挪移方式，更沒有呼吸吐納的深厚基礎，因而一旦離開那樣的社會情境，就不容易支撐了。一方面這樣的思想很容易被誤會、誤用，變成人人都按照自身判斷行事，不須外求客觀知識，只需聆聽自己內在的聲音，可以完全依賴主觀，可以自我中心不受拘束。真理被相對化了，每個人心中自有真理，無法溝通也不須溝通，也就失去了標準。

另一方面，因為這套思想來自真實的存在困擾，要解決特定的生命問題，因而比較難被轉換、轉譯到不同的情境下，比較難處理變動的狀況。和朱熹建立的龐大系統相比，「王學」的確很簡要，也因而無法全面。

「王學」的價值及其缺點是緊扣在一起的，如果不能具體應對現實，「王學」不會在明代有那麼大的力量；然而這項特性也使得離開了當時現實，王陽明的許多說法很容易變形扭曲，產生種種流弊。

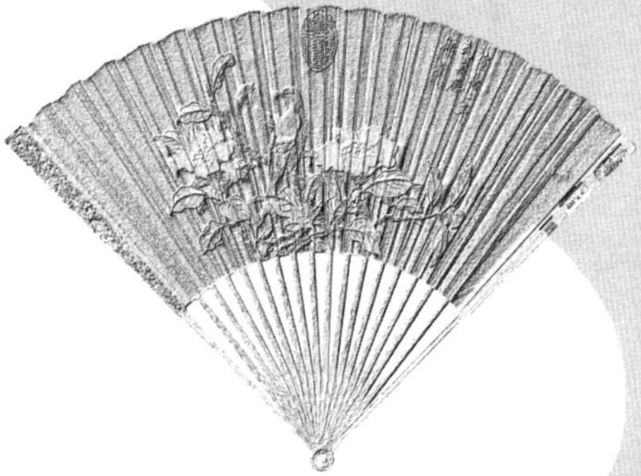

第五講

明代的戲曲小說

01「中國自由傳統」是怎樣的自由？

前面提過狄培理對於「中國自由傳統」的說法。這樣的論點很新穎、很具啟發性，卻在中國和西方漢學界兩面不討好，兩邊都引來強烈的質疑與批評。

在中國的學術史定見中，戰國時期諸子百家爭鳴，那是思想自由的時代，也是唯一的思想自由時代。自漢朝以降，「獨尊儒術」的官方立場形成後，就再也沒有自由了。尤其是宋明理學，在「五四」新文化運動中被認定是「禮教殺人」的思想權威，必欲去之而後快，其頭條罪狀不正是箝制了幾百年來中國人的思想？怎麼可能在宋明理學中有「自由傳統」？

如果中國原本便有「自由傳統」，那麼「五四」這些反傳統的人豈非都是徒勞？他們在爭取什麼啊？要不然就是狄培理所說的「自由」，和「五四」時追求的「自由」不是同一回事，那麼狄培理說的只能是假的自由，充其量只是有限的自由。

的確，狄培理說的是相對有限的一種自由，那是人心內在的自由，指涉自在自得的狀況，並沒有要挑戰外在的社會條件。在社會現實安排上，你無法決定自己是一個什麼樣的人，但理學可以讓你在心裡、在對待人的行為上獲得自我決定的修養。

從西方漢學的角度，他們慣常強調中國的獨特性，也就是和西方文明對應下的差異。自由主義是西方文明最關鍵的特色，怎麼中國也有？狄培理所提出的「中國自由傳統」，一定不會是西方自由主義的那種自由。

和西方自由主義相比，狄培理解釋的「中國自由傳統」有一個最明顯的缺漏：那不是建立在個人主義（individualism）基礎上的，沒有對應社會，沒有外於社會的個人性（individuality）。那樣的自由竟然都是在社會人際關係中實踐的，不凸顯個性，也不保障個性歧異，這樣也能稱為「自由」嗎？

希望大家能理解，當我引用狄培理的說法來鋪陳理學的歷史時，我的態度不是民粹主義地告訴大家：喔，中國早就有自由思想，早就有自由主義，我們不需要羨慕西方，不需要向西方取經。我的重點是提醒大家，儒學傳統到了近世，已經轉折、變化出很不同的內容；同時進一步地，可以藉由「自由」性質的差異，對比出中國社會的特徵。

02 戲劇能夠發展，靠的是身分制鬆動

中國社會最主要的組構原則是親族身分。這是遠從西元前第十一世紀，周人「翦商」並取而

代之後建立起來的。周人推翻商人的神權統治模式，換上自己的人文、人本主義文化信念。在這個信念上又建立了現實的封建組織，將家庭、親族系統擴大到社會、政治秩序的安排上。

在社會、乃至政治上，一個人最牢固的意識不是自我，而是親族和人際關係中的位置。你是誰的兒子、誰的弟弟、誰的丈夫、誰的叔叔……，一連串的親族關係決定了你的身分，也決定了你的自我認知，你不可能離開這樣的親族關係來定義自己。生活中的每件事都被放進這套複雜關係裡，用以判斷要如何做才對，每個節日也都有相應的儀式再三強化親族關係。

這樣的社會結構根深柢固地運作了兩、三千年，一直到最近的幾十年，受到西方個人主義影響，才真正鬆動、打破。也因此中國的各種文明表現，都不可能離開如此堅實又無所不在的社會基礎。

讓我們從戲劇的角度來探索。今天我們看劇集、電影，很自然地會將演員和戲中角色混同。平常追劇和朋友閒聊時，我們可以完全不自覺地說：林志玲如何如何，之後木村拓哉就有如何如何的反應。而不用回到日劇《月之戀人》去記住林志玲演的角色在戲中是什麼名字，木村拓哉那個角色又叫什麼。這也就是找大家都認識的明星來演戲的好處，觀眾一下子就認得戲中角色，不需要一段辨識誰是誰的過程，可以馬上進入情節狀態。

因為習以為常，我們就很難檢討察覺，這樣演員和角色之間自然變換出入的經驗，在人類歷史上並不是普遍、必然的。

古代希臘是戲劇的重要發展時期。在城邦組織中，每個市民是以「自由民」身分參與公共生活的。城邦生活中重要的儀式，例如奧林匹克運動會，重點在於凸顯、確立人和神之間的關係，參加運動比賽的，也是以個人、頂多加上城邦認同而去的。個人和個人之間，存在的是一種區隔、競爭的關係。

「文藝復興」時期是戲劇發展的另一個關鍵階段。早先的「十字軍東征」帶回在歐洲失傳已久的希臘、羅馬典籍，刺激了藉由「復古」以擺脫現實教會與封建制度層層綁鎖的衝動。中古歐洲的封建制度是一套身分制度，用上下隸屬關係讓每個人都有其領主、也有其部屬，每個身分都附隨著一套固定的互動權利與義務規範。「文藝復興」帶來了身分鬆動。

今天我們看待戲劇的黃金時代，所認識的是艾斯奇勒斯（Aeschylus, 525-456 B.C.）、是索弗克里斯（Sophocles, 496-406 B.C.）、是莎士比亞（William Shakespeare, 1564-1616），從劇作家和劇本上認識，很容易就忽略了戲劇要能發展，必須要有演員，而演員能演戲，要有一定的社會條件配合。

古希臘對於演員留下來的資料太少，不過對於莎士比亞的劇場、演員、演出方式等，我們得以有比較詳細的認識。也就明白，戲劇能夠發展，靠的是身分制的鬆動，有從固定身分中能夠游離出來的相當空間。這些人才能擺脫固定為人妻、為人母、為人叔伯兄弟的身分，在舞臺上可信地變化為另一個人，讓觀眾從他身上看見哈姆雷特或李爾王。

03 從「諸宮調」到「雜劇」的形式差異

如此我們就能明瞭，為什麼在元代之前，中國的戲劇一直不發達。而中國戲劇史上的突破是元雜劇。宋、金南北分立時，在北方出現了「諸宮調」。名劇《西廂記》有兩個流傳下來的版本，一是董解元的《董西廂》（又稱《西廂記諸宮調》），另一是更有名、更受歡迎的王實甫《王西廂》（又稱《崔鶯鶯待月西廂記》）。兩個版本雖然寫的是同一個故事，在戲劇形式上卻有很大的差異。

《董西廂》保存了「諸宮調」的基本性質，《王西廂》則已經轉為「雜劇」。「諸宮調」從名稱上就看得出來，其實是以音樂為主的，接近歌唱曲集的性質，集合很多不同曲調的歌，放在一起演唱。原本歌與歌之間沒有什麼關係，就這樣一首一首唱下去，後來有人就想到多費些心，將歌曲排出一個有意義的順序，讓歌和歌的連結可以有心情乃至故事的發展。再下來，就有人在如此排出來的歌曲和歌曲之間添加旁白，於是單純的歌曲演唱開始具備了戲劇的性質。

「諸宮調」的情節基本上依賴旁白來推進，旁白描述小姐到了花園，然後唱一首關於季節花開的歌，接著紅娘跟上來，然後唱一首頑皮撲蝶的歌。戲劇情節毋寧主要是為了將歌串在一起，很明顯地，歌是主，情節是依隨、輔助的。

到了「雜劇」，旁白大幅減少，而是將劇情融入歌詞中，一邊唱、一邊表現劇情。於是「諸宮調」中基本上用說的情節，到了「雜劇」變成用演的。另外，本來故事都由一名旁白者來說，演小姐的、演紅娘的都只負責唱歌；到了「雜劇」裡，小姐說小姐的話，丫頭說丫頭的話，愈來愈不需要旁邊說故事的人了。

「諸宮調」裡，臺上是說故事的人和唱歌的人；「雜劇」演出時，臺上是扮演小姐的、扮演丫頭的演員。

在過去的中國傳統社會中，因為嚴格的親族身分約束，很難接受演員。那是變換身分，臺下一個人，到了臺上卻變成另一個人。親族制的狀況下，一個人不會個別、單獨地存在，我們要認識他，必須知道他是誰的兒子、誰的兄弟，他才能進入我們的意識系統中。

我們可以從「雜劇」的形式回推其演變過程。雜劇固定分為「四折」，最前面有一個開場的「楔子」，實際上是五個段落。「四折」的長度大致差不多，「楔子」相對比較自由，可長可短。這很可能是因應後來的故事情節愈寫愈多、愈複雜，「四折」的形式限制無法容納了，就運用「楔子」做彈性調配，或多加一個「楔子」，或將之安排在「折」與「折」之間。

「四折」中有「唱」有「白」，也就是歌唱和說話的部分，另外劇本上會標示「科」，那是特定的動作或臉部表情。雜劇剛開始由一人主唱到底，或是正末（男主角），或是正旦（女主角），其他人不唱、只說話。所以「四折」的說話對白稱為「賓白」，明確地指出唱歌之人是「主」，其他人在舞臺上說話是配合他（她）的。

從戲劇效果的角度看，這是很大的形式限制，讓故事情節很難開展，所以後來才會在「楔子」上多做文章，以取得相對的自由。但若換從文學的角度，以及中國社會如何準備接受戲劇的角度看，這種形式的來歷與意義倒是很清楚。

04 雜劇為什麼從歌唱開始？

談中國文學史時，我們習慣將文類和時代併合在一起看，每個時代有其主流的文類——楚辭、漢賦、唐詩、宋詞、元曲……，而「元曲」又分為「雜劇」和「散曲」。那麼「雜劇」和「散曲」的關係是什麼？為什麼一個是戲劇，一個是韻文作品，卻放在一起成為「元曲」？

簡單地說，「散曲」上接「宋詞」，原本就只是「曲」，是「雜劇」構成的元素。然而等到「雜劇」成形、流行了，對應「雜劇」的集合、集體樣貌，「曲」就變成「散」的，才有了「散曲」之稱。

「詞」原本是歌詞，是配合特定的曲子讓人家唱的，但就像從樂府詩轉向近體詩，由民間來的音樂素材在文人參與創作之後，逐漸被文字聲韻所取代，不再和曲調密切配合，成為獨立於音樂之外的文學作品。

北宋時，堂堂宰相歐陽修寫起詞來，都還是變身為女性聲音、女性立場，清楚表示是為歌女傳唱而寫的歌詞性質；但到了南宋辛棄疾的詞，幾乎沒有一首不是從自我立場、自我感懷出發的。這時「詞」的文人化已經完成，寫詞的人心中不再有歌、不再有歌女了。

李清照在文學史上具有奇特的地位。她所處的那個時代，大部分的詞是男性寫的，寫的卻是女性感懷的內容，呈現出性別交錯的情況。李清照自己是女性，沿用詞的女性口吻，於是她的詞就變成了親身抒發，詞中的聲音就是她自己的聲音。歐陽修寫的詞絕非表達自己的感情，李清照的詞卻很難分別作品和作者，也就進一步使得詞的內容和詞的作者身分合一，和辛棄疾一樣，都是以詞來表達自我，發抒自我的經驗與感情。

雜劇為什麼從歌唱開始，而不是直接用口白表演？很重要的理由是，中國社會有著嚴密的身分制度，而歌唱是少數被接受、被認定可以離開原有身分，假設為其他身分的形式。唱歌時歌者進入歌詞的情境與感情中，不再是原先的自己，這是已經能被理解的。

劇中有而且只有一個主要的歌唱者，也是為了讓觀眾適應角色，去除對於演員與角色身分的混淆。觀眾專注認識這個角色、習慣這個角色，不會一下子好幾個角色讓人眼花撩亂。

歌唱是固定的、寫好歌詞的，他（她）的角色身分明確。說對白的人是搭腔的、是附隨的，剛開始只有短短一兩句，可以現場發揮。「劇」之所以和「歌」會有如此密切的關係，只能在歌唱的環境中演劇，正因為這是一個沒有表演傳統、沒有習慣將人和角色兩種身分區別開來的社會，必須依靠歌唱的協助，才能完成身分轉換。

「諸宮調」的演出形式，最早是歌曲匯集，由一名或一組歌者連續唱很多首歌。這時候沒有角色問題，唱歌的人身分就是歌手。後來將這些歌串出一個秩序，不再是東一首、西一首，而是有一個情節或故事骨幹，主要由旁白的人來講述，也還是不牽涉到角色與演戲。關鍵在於更進一步將同一位歌者唱的歌聯繫起來，他（她）就變成一個角色，唱的同時也在扮演這個角色。本來的演唱會形式就轉變為類似歌劇了。

05 從《西廂記》看文人添加的精神資源

元朝統一南北，又將科舉中止，於是大批文人頓時失去了藉由文字進入官僚體系的目標。他們的一身文字工夫變得沒有主要的發揮之處。再加上交通發達、都市繁榮的相應條件，使得原本在北方金朝開發出來的「諸宮調」、「雜劇」形式，得到大量新資源的投入。

文人為雜劇添加了精神資源，都市娛樂事業則為雜劇添加了物質資源。文人的加入快速改變了雜劇形式的分配比例。文人當然也寫歌詞，將歌詞的多樣表現予以擴張，不過歌另有音樂的部分，還是掌握在傳統藝匠手中。相對地，文人可以在對白方面多所發揮，於是「賓白」的分量愈來愈重，不只是話變長了，話中的內容也變多、變豐富、變有趣了，而且說話的人也變多了。戲劇成分增加，也就能表現更複雜曲折的故事，甚至可以細膩地發展角色關係與人物個性。

一言以蔽之：文人提供了充分條件，讓雜劇由唱的轉型為用演的。《王西廂》中有一段具代表性的例證，發生在紅娘和崔鶯鶯之間的關鍵場景，卻都是用說白表現的。

崔鶯鶯先說：「這般身子不快呵，你怎麼不來看我？」如此對紅娘抱怨。有意思的是，紅娘回答說：「你想張。」意思是你因為記掛張生生病才叫我。而一聽到「張」，崔鶯鶯急忙反應：「張什麼？」紅娘就取笑她：「我張著姐姐哩。」意思是我不過就說了「張」這個字，也可能是「張望」的「張」啊，你就如此反應過度，不就證明「你想張」嗎？

崔鶯鶯也就不掩飾了，對紅娘說：「你與我望張生去走一遭，看他說什麼，你來回我話者。」紅娘拒絕：「我不去。夫人知道不是耍。」如果被太太知道就完蛋了，這不是開玩笑。崔鶯鶯就用哀求的：「好姐姐，我拜你兩拜，你便與我走一遭。」崔鶯鶯還真的拜了，紅娘只好說：「侍長請起，我去則便了。說道張生你好生病重，則俺姐姐也不弱。」好，我願意去幫你跟張生問問。然後回頭糗她一下，我會說張生你生了病，我家小姐害相思病也不輕呢。

在對話中傳遞出歌唱無法達到的靈活、細緻變化程度，創造出戲劇的迷人味道。

雜劇以北方的大都為中心興起。大都提供了足夠聚集的人口，那是觀眾的基礎。西方古希臘和文藝復興時代的戲劇發展，也都依靠城邦的現實條件。元代大都不只是政治與經濟中心，也是蒙古人最多，因而中國傳統社會、文化相對最為鬆動的地方。再加上許多外來人口混雜活動，給予戲劇發展難得的歷史空間。

《王西廂》中，不只是紅娘，包括崔鶯鶯，都不是中國傳統良家婦女的形象，即使在城市裡，都沒有那麼容易能夠被公開認可。但在大都就不一樣，有蒙古人及其他文化背景的不同道德概念流蕩著，對於這種異質形象的禁制力量相對小多了。

06 南方的戲曲活力：「南戲」與「傳奇」

雜劇先在北方大城市發展，然後影響到南方，出現了「南戲」或「南曲戲文」。「南戲」是用南方的語言和音樂風格唱的，但在雜劇影響下，形成了邊唱邊演的方式。原先相較於雜劇，南戲很粗糙，因為之前並沒有清楚的「戲」的概念為其襯底。從南戲的變化可以清楚看出，在雜劇之前，「戲」的概念其實並未充分發展，沒有一套如何演戲的模式。雜劇的四折結構，才讓人對於「戲」有了固定的印象。

南戲剛開始時明顯是雜湊的，這邊湊一點歌曲，那邊湊一點故事，然後再湊一點對白，沒有雜劇那樣明確的程序。演出場所多半是野臺，一種臨時形成的空間，沒有固定的劇院。

明徐渭《南詞敘錄》中說：

> 永嘉雜劇興，則又即村坊小曲而為之，本無宮調，亦罕節奏，徒取其畸農、市女順口可歌而已，諺所謂「隨心令」者，即其技歟。間有一二協音律，終不可以例其餘，烏有所謂九宮？

浙江永嘉一帶流行的演劇，用的就是平常鄉野小曲，不成固定的曲調、節拍，沒有專業樂理創作基礎，帶有高度的即興性質，充滿隨興的野趣。偶而才出現一兩首像樣且符合樂理的，大部分都是任意湊合的。

這種粗野的南戲，到明朝出現了變化的契機。元朝滅亡之後，經過先定都南京再遷都北京的重大決策，南、北之間有了新一波交流，文化勢力發展也產生逆轉。

南宋滅亡時，有一批南方的文人往北走，參與了北方戲劇文化的開展，在那裡將原本粗糙的歌曲表演，經「諸宮調」而轉化為完整、精緻的「雜劇」。但到了明朝，有一個重要的愛好者、支持者改變了雜劇的命運。

這個人就是周憲王朱有燉，他是朱元璋的孫子，極度熱愛雜劇。他身邊聚攏了一群文人門客，幫助他創作了三十一部雜劇。他做的戲當然很受歡迎，有很多人基於各種理由前來捧場。他身邊必然圍著許多和戲劇表演有關的人，也一定會有許多模仿他的風格寫戲、演戲的人。

但正就是觀眾與好評來得太理所當然，親王所創作的戲，不容易有什麼原創性。應該倒過來說，不需要寫出什麼了不起的作品，光憑他的身分就可以讓這些戲獲致成功。

據統計，朱有燉的三十一齣劇中，寫長壽和神仙的有八齣，寫妓女的六齣，另外光是有關牡丹花的就寫了三齣。雜劇本來就有比較規矩的格式，又遇到朱有燉這種因循舊題材的寫法，加上群起仿效者大量製作的類似作品，戲劇內在的活力很快就被耗盡了。

北方雜劇之興，本來就靠著一部分無法應舉而北上的南方文人參與。而後明太祖朱元璋起自南方，至成祖時才將都城北遷，這些因素影響下，雜劇在北方衰微，結果產生如翹翹板般的效應，給南戲注入了新力量。

南戲本來因形式不工而被蔑視，這時反而成為最大的長處。明代從南戲中脫化出另一種戲曲的形式，稱為「傳奇」。「傳奇」在唐代指的是特別的故事，到了明代則是南戲中變化出的戲曲。不過這個名字沒有流傳很久，隨著形式不斷地流動變化，名字沒有了明確對應的固定形式，後來也就不用了。

總的來說，這波進入南方的戲曲活力，推動了幾個方向的變化。第一，原本唱與說的清楚界線逐漸模糊了。「雜劇」中唱歸唱、說歸說；到了明「傳奇」，則是每個角色都能唱、也都能說，說和唱的內容充分交雜。

第二，各個角色之間的區分界線也趨向模糊。「雜劇」以「末」和「旦」為主，再區分幾種不同的「末」和不同的「旦」；到了「傳奇」，則是生、旦、淨、末、丑的大致區分，但規則沒有那麼嚴格，比較鬆動、自由。

第三，戲曲處理的內容範圍愈來愈廣，將許多不同種類的故事都納進來搬演。不過在大部分原有界線區別都鬆綁的大方向上，音樂的領域卻有著完全相反的變化。音樂的曲調、節奏愈來愈講究，要求愈來愈嚴格，既要符合樂理，更要追求精緻曲折。

整體來說，「南戲」朝向「傳奇」變化，清楚看得出文人的作用，表現了文人的特殊關懷，包括一種精益求精的態度灌注其中。另外不容忽視的，是愈來愈多專業觀眾的存在，他們的眼光和品味要求，推動了戲曲的創新突破，並追求細緻表現。專業觀眾只可能在有很多演出的大城市中形成，累積了夠多的觀劇經驗，他們對於如何唱、如何演，自然有一定的評斷意見，也就無法忍受依樣畫葫蘆的單調作品，會要求提高演出的水準、看戲的享受層次。

07 南戲的多種唱腔與崑曲的流行

近世中國社會基本上是「平」的，階層上下區分的差距愈來愈小，而反映在戲劇上，就是出現一種特別的主題：兩種不同生活形態的人，在戲劇的空間中遭遇，因而有了誤會，誤會或許加深而製造了悲劇，更常見的是得以化解而獲致喜劇收場。

在階級森嚴的社會中，一個人會遇到的基本上是同樣階級的人，階級內部以及階級之間有非常明確的行為模式，那就不可能出現這種主題。人與人之間不太會有誤會，也就不需要諒解。而在相對平鋪的社會中，不同行業、不同地域的人彼此之間的壁壘消失了，頻繁的移動使得人與人相遇碰撞的機會提高了，不同習慣、不同價值觀也就容易產生摩擦。

近世後期的京劇、崑曲中，一再地出現窮人與富人間、或是南人與北人間的互動，從中刺激出戲劇性。這反映了一個水平式的社會在摸索著不同的社會組織原則，也意味著有許多專業的團體，在其中扮演愈來愈重要的角色。

《南詞敘錄》中記錄了當時戲曲中使用的各種唱腔。一種是從江西起源的「弋陽腔」，流傳的範圍很廣，包括北京、南京、湖南、福建、廣東都用這種唱腔。另一種是來自浙江會稽的「餘姚腔」，通行於長江南北，如常州、潤州、池州、太州、揚州、徐州這些地方。第三種是「海鹽腔」，顧名思義來自海邊，通行於更南方的嘉州、湖州、溫州、台州等地。最特別的是「崑山腔」，「止行於吳中」，後來發展為最精緻難唱的「崑曲」。

「腔」是從曲牌而來的，不同的「腔」表示唱不同的曲子。每種「腔」都有成套的旋律。當時沒有樂譜，所以都是用曲牌告訴樂手和演員，這段該如何演奏、如何演唱。每個樂手、演員學過並熟練的曲子有限，固定的一些曲牌集合在一起就成了一種「腔」，樂手、演員可以專注地學這種「腔」，寫戲的也就按照這種「腔」來寫。

由這樣的記錄我們知道：「南戲」和「雜劇」不同，沒有統一的格式、統一的演法，光是唱腔都有很多種，甚至相鄰兩個地方流行的唱法也不一樣。在《南詞敘錄》成書的時代，「崑腔」是勢力最小、流行範圍也最小的一種南戲，可是慢慢地，「崑腔」的成長程度超過了其他的幾種唱腔。

「崑腔」和「弋陽腔」、「餘姚腔」、「海鹽腔」有著根本不同之處，並不是在不斷演出中長遠琢磨出來的，而是來自個人有意識的創作。「崑腔」的創造者是崑山人顧堅，後來經過了魏良輔的大幅改良。

依據清初余懷《寄暢園聞歌記》的記錄，魏良輔學習過「北曲」（即「元曲」），但後來就發現自己學「北曲」，學不過北方的專家如王友三這樣的人。於是他轉而潛心開發南方的曲調，非常專注地花了十年的工夫（「足跡不下樓十年」）。那個時候，「南曲」相較於「北曲」還很原始，素直且沒有什麼細緻之處，魏良輔特別關注人聲與曲調之間的配合，依照崑山地方所使用的語言，量身訂作新的曲子。

魏良輔的新曲在音樂上極為講究，旋律曲調既要配合歌詞的抑揚頓挫，還要顧慮咬字吐氣運用的唇舌部位，更不能忽略追求增加歌詞所要傳達感情的效果。吳中地區的老樂師聽到了，都覺得不可思議、自嘆弗如。

「崑腔」原本流傳區域最小，因為不是長遠以來透過眾人集體創作產生的；「崑腔」後來卻取得戲曲上的最高藝術地位，也是因為靠著魏良輔的超人天分與精心細思才改良得來的。

到了明嘉靖年間，「崑腔」、「崑曲」逐漸征服了大部分的江南區域。崑曲的流行和職業觀眾的形成、培養互為表裡。一般觀眾一年看三、五齣戲，不會太計較戲的好壞，也沒有那麼多記憶與經驗可用來比對、評量。但在城市裡出現了那種一年看五十齣、八十齣戲的人，他們嫻熟戲的形式，記得戲的情節，於是他們看戲時就有餘裕注意並講究很多細節之處。歌詞怎麼寫、曲調如何唱、演員如何演，甚至如何動作，他們的眼光促成了戲曲的精緻化升級。

08 說書、話本、章回小說與觀眾

這種職業觀眾的心態與需求，也有助於我們了解明代章回小說的發展軌跡。

章回小說的淵源來自「說書」，其內容原本是用說的。今本《三國演義》和《水滸傳》都有「話本」形式的前身。「話本」指的是說話人所本，也就是他們說書時用的底本。說書這個行業是師徒相承的，前一代將講的主要內容抄錄下來，一方面作為自己演說時的備忘，另一方面可以用來訓練徒弟，再留給徒弟。

因此，話本其實是工作本子，不是給一般讀者看的。話本會用說話的口氣寫，而不是用正式的文言文，因為是為說話人實際應用而寫的。話本的目標讀者是說書這行的同業圈內人，往往在內容上有很多減省，只保留故事骨幹，或是其中重要段子的重點，其他的則由說書人在實際說話時加油添醋、即興發揮。

宋朝開始出現話本。那個時代的說書人一般不會定著於一處，而是有點像西方中古時期的吟遊詩人，走到哪裡講到哪裡。一個地方不會待太久，待個幾天幾夜，將一個故事講完了，就往下一個村落或城鎮去尋找別的聽眾。聽眾一直在換，故事就可以不用換，只需要少數幾套故事便夠用了。

就像戲曲受到城市生活條件的影響而產生變化，在鄉間的移動說書環境，到了城市裡也就固定下來。地點固定了，往往連時間也固定了。有茶樓、有勾欄提供演出的公共空間，有習慣在這些公共空間看表演的觀眾，他們會反覆造訪，形成生活中的一部分。於是說書人不能講同樣一套或幾套故事，觀眾聽過、聽膩了，當然就不願意再進來消費。

此外，這些觀眾不是偶爾聽故事、逢年過節能找來專業說書人就興奮期待的鄉下人；他們聽得多了，自然形成對於專業說書的要求，用這套愈來愈高的標準去尋找夠格的、能讓他們得到娛樂消閒效果的對象。

章回小說的出現，相當程度是因應這種說書新環境而產生的。為了招徠並應付這種常客，所以今天講到結尾時，就預留一個鉤子、設一個懸疑，告訴他們「欲知後事如何，且聽下回分曉」，這樣客人們就有動機明日又進來喝茶了。

第一回講完了有第二回，第二回講完了有第三回，客人們不知道到底一共有幾回，往往說書人也不見得知道。有人想聽，說書人就繼續編下去，編到沒有人想聽了當然就結束。如此形成了章回小說長大篇幅又配合鬆散結構的性質。

要找到適合的長篇故事，才能吸引觀眾不斷回流。所以像「三國」、「五代」這類講史的內容頗受青睞，許多說書人投注心力來講，蔚為流行。還有，像《水滸》那樣的設定也有特別的道理，開場就先擺出「一百零八條好漢」的注定命運，鋪好了可以有一百多則故事的廣大空間。《水滸》要從石破天驚的預言開始講起，也是源自說書的邏輯，讓觀眾知道故事有那麼大、那麼多，要他們好奇地一直跟著。另外，《水滸》中梁山泊好漢的人數隨著時間不斷增加，清楚反映了這個故事受到歡迎，所以說書人只得不斷加碼，力求長期將觀眾抓住。

要應付不斷回來的觀眾，累積足夠經驗、聽故事成精的這些人，也就愈來愈難討好，於是說書人必須講究各種能拉住觀眾的技巧。

比如開頭有回目，那是預告，讓觀眾知道今天大致會聽到哪個角色、哪方面的情節進展。每回結束前有個緊張懸疑的動作，刺激觀眾好奇，確保他們還會回來找後續答案。每回內要不斷精簡前情提要，一方面照顧到之前沒聽過或聽過忘掉了的觀眾，另一方面還要避免聽過、記得的觀眾感到重複而厭煩。如果發現觀眾對某個角色特別有興趣，就讓他的故事當主線，繼續推展；倒過來，若是哪個角色不受青睞了，就趕快將故事敘述從他身上引開，巧妙地換到別的地方去。

鄉間的說書行業，就像是以前在車站前面開餐館。這種餐館一定不會太好吃，因為做的是「一次客」的生意。準備出發或才剛到達的客人，臨時需要在這裡吃一頓飯，就算吃得滿意也不會刻意再回來吃；如果吃得不滿意，決定下次再也不來了，那也沒關係，因為本來就不知何年何月才會再到車站。做得好，不會有生意上的報酬；做得不好，也不會蒙受損失，餐館當然沒什麼動機要去精進廚藝和服務。

然而面對常客的態度可就不一樣了。有專業觀眾，就必須拿出精益求精的專業態度。必須控制節奏，必須穿插嬉鬧笑話，必須創造間斷性的波折，還必須有熱鬧高潮。

09 高度的行業集體性質、隨興遊戲性質

標準提高了，光靠說書人個人的能力不足以應付，也就愈來愈仰賴專業的集體智慧。配合印刷術發達的條件，「話本」有了從量變到質變的提升。

話本原先是說書行業的副產品，幫助說書人擺脫記憶的沉重負擔。之後，好的話本不只可以提供說書人更多的故事，還能增進他們說故事的結構安排、轉折變化。於是話本的需求升高，有

了印刷發行的可能，等到印刷成書後，其印數及銷售管道就吸引了其他說書專業以外的讀者。

話本從「說話人的底本」，逐漸轉化為「小說」，也就不再是拿來說的，變成了拿來看的。說書專業會進步、話本會流行，和文人的投身參與其中很有關係。元朝是因為中斷科舉，明朝則是因為科舉愈來愈難考，於是釋放了大量的文人能力與精力到考試之外的領域。以讀書人的知識和文筆改造話本，造就了成效最高的其中一個領域。

要將故事說得更好聽、更迷人，需要文化創意人才。剛好這時候出現很多受過文人教育卻離開仕途的人，兩相配合，形成了「小說」這個領域的突破。在這突破的成就中，羅貫中有很大的貢獻，施耐庵也有很大的貢獻，可是歷史上對這兩個人的認識都很少，甚至無法確定到底哪些作品出於他們之手。有作品卻沒有太多對作者的記錄，正表明了從「話本」走向「小說」過程中的高度行業集體性質。他們不是在書房裡孤詣冥思，而是繼承一代又一代傳留的說話人底本，予以增刪整理。

還有，他們所做的並不在傳統文人成就的認可範圍內，帶有高度的隨興遊戲性質，因而他們的作者身分不會被強調地記錄下來。然而他們的整理工作做得極其出色，以至於將這些作品帶離了說書行業的限制，得以面對更廣大的讀者，甚至讓非專業的人都能拿著他們整理的結果到處講故事，將故事流傳得更廣。

對照今天還存留的一些話本，我們就能明白，羅貫中、施耐庵等人絕對是第一流的作者，故事在他們手中整合得脫胎換骨，跳高了一個等次。先是由文人改造既有的話本，逐漸地才進一步出現個人創作的小說。

《三國演義》的文字古雅，內容是整理長期流行的「說三國」故事，然而使用的語言卻是文人的。這是以文人立場對於說書的改造。《水滸傳》使用的則是白話，也就是保留了說話人的語法和口氣，文人的作用是整編及擴張故事。而明代最突出的小說《金瓶梅》，則從《水滸傳》的武松故事開場，保留和說書之間的關係，但不只是視角轉入西門慶家中，離開了江湖恩怨廝殺，而且內容是不適合書場演出的富豪家內包括情色的生活細節，顯然出於具備如此華奢經驗的個人創作。

三部作品呈現了文人介入改造、再製「話本」的三種不同方式。

《水滸傳》的貢獻還在於確立了「角色」與「個性」之間的關係。在英文裡，character 這個字既是「角色」，也是「個性」，清楚反映了在西方戲劇中的關鍵性質。「角色」在劇中最主要呈現的是其「個性」，觀眾藉由「個性」來辨識「角色」，並對「角色」形成印象和投射反應。沒有「個性」，就不能成為有效、吸引人的「角色」。

《水滸傳》在這方面表現傑出。開場出現的花和尚魯智深立即使人難忘，因為他的所有誇張行為都聯繫到統一的個性上。武松有武松的個性，林沖有林沖的個性，宋江有宋江的個性，絕不混淆，都能有效地抓住讀者的注意力，留下深刻印象。

《金瓶梅》的作者署名為「(蘭陵)笑笑生」，真實姓名無可確認，就更無從討論其生平背景了。這樣的事實顯現出創作小說這件事仍然處於文人活動的曖昧邊緣位置。有興趣、有動機寫出這麼龐大的一部小說，卻無法從這樣的工作中得到同儕肯定，反而必須將這件事和自己作為文人的其他部分嚴格區分開來。

10 中國文明的一段「新造字運動」

明代的小說形成了新的傳統。從歷史上看，這個傳統極其特殊，以至於到這麼晚的時候才出現。最特殊的是擺脫了文言文，確立了以白話文來寫作。中國文字從來都不是表音的，傳統上和語言之間長期保持若即若離的關係。文言文絕對不是記錄任何人在日常、現實所說的話，也才能在語言高度不統一、各地方言隔絕且難以溝通的情況下，以同樣的文字建構出範圍遼闊的、統一的中國文明。

中國文字有搭配的聲音，但沒有必要反映語言。文字和語言之間的關係是在歷史中逐漸靠近的。唐、宋兩度發展的「古文運動」都反對駢儷風格，也就是阻止文字更遠離一般運用的語言，自成和語言完全脫開的系統。從「四六」駢文到唐代的近體詩，其目標是建立專屬於文字運用的音韻體系，只表現在文字的聲音齊整上，與日常語言無涉。

唐、宋「古文運動」雖然反對純粹人造的音韻排比，卻沒有強烈到要主張文字應該記錄語言。自商、周以降，這套文字系統一直獨立於語言之外，取得比語言來得尊貴、穩定恆常的地位，如果要文字記錄語言，那是將文字降等，甚至是褻瀆文字。

世界其他的主要文明，因為使用表音文字，在文字發明時就已經完成、固定語言和文字間的關係。但在中國，這兩者卻長期處於曖昧不清、分合擺盪而有著不同距離的狀態中。中國文字終於確定去記錄語言，並且留下可以長篇記錄語言的做法，竟然是到明朝才完成的。

誇張些說：從戲曲的對白到章回小說，我們看到的是中國文明中的一段「新造字運動」。所造的不是一個個新的字，幾千上萬的字已經在那裡了，但要透過試驗，將這些字和語言對應起來。「這個」、「那個」、「咱們」、「你們」這些詞語，都不是自然、自動存在的。慣常語言中有這樣的音，但要選怎樣的字來代表這樣的音？「這」、「那」、「個」、「咱」、「你」、「們」這些字原來都不具備這樣的意思，純粹是從聲音的考量而挪過來使用的。

在明人小說中，我們會發現，愈是生活口語中常用詞，愈是不固定，會有很多種不同的寫法。因為這些詞過去不曾被寫在文章裡，現在才在小說中摸索試驗著該如何寫比較好。

語言很難固定下來，其功能是提供說的人和聽的人之間的彼此會意。所以在交通不便、互動團體很小的地方，語言會有很大的歧異變化。不過，一旦人多有機會到外地，語言溝通的團體變大了，連帶會產生需要將語言統一、固定的動機。統一和固定的兩種需求基本上是一併發生的，不同地方的人要說同樣的話來溝通，這種語言就不能隨任何人的意志去改變。

中國傳統的文言文沒有統一、固定語言的功能，相反地，是藉由不和任何語言掛鉤的文字來取代語言的溝通，以減輕對於共同語言的需求。到了明代，白話小說大盛，尋找文字將當時的一些語言用法寫下來，多少產生了統合、固定語言的作用。

很遺憾的事實是：我們不知道司馬遷如何說話，也不知道韓愈日常說話會用什麼樣的詞語、有怎樣的口氣。我們只能知道明朝的一般人如何說話，因為總算用文字記錄在小說裡。頂多再藉由明代的小說，對比宋代的文本，回推宋朝時人們可能的說話方式。

關於文字，歷史上可以回推到三千年前的甲骨文；然而關於說話的記錄卻短淺多了，是靠著戲曲和小說在明代的發展，才帶來了這樣的突破。

第六講

黃仁宇與《萬曆十五年》

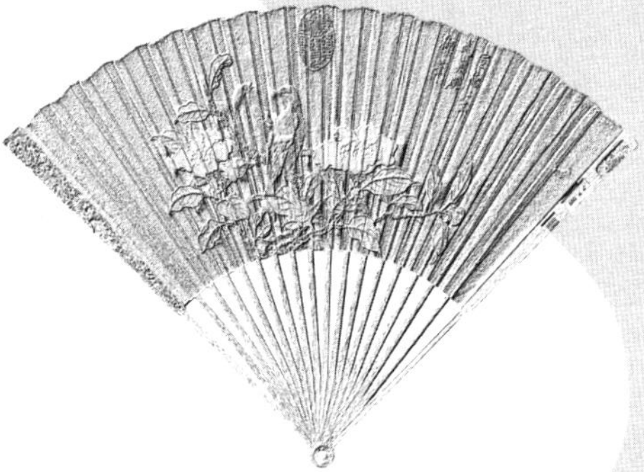

01 革命像一百零一年才可通過的長隧道

黃仁宇先生所著的《萬曆十五年》，是明史研究上非常奇特的一本書。這本書將兩種完全相反的內容，巧妙地、甚至可以說不可思議地結合在一起。

在這本書中，我們會讀到很多細節，來自於很底層、很繁瑣的史料，像是《明神宗實錄》。《實錄》裡保留了皇帝每天的記錄，見了什麼人、說了什麼話，是為了將來的人寫「正史」而留下的資料，極為龐雜，很難使用。即使是史學家，在運用這種底層一手史料時，通常心中已經有特定要探索的題目，然後再去瀏覽翻查，快速排除不相干的部分，找出自己認為重要的。

而黃仁宇讀《實錄》，有很不一樣的眼光，挖掘出來寫進書裡的，常常是別人認為不重要的細節。然而提供眾多細節的這樣一本書，其關照的視野卻又極其遼闊。基本上是以一本書的篇幅，提供明朝中葉從政治到社會到文人思想的總體結構，而且帶著高度問題意識，要讓讀者清楚感受到：這樣的時代、這樣的政治、這樣的社會，在哪裡不對勁，出了什麼樣的問題。

這本書試圖改變我們看待明朝歷史的方式，更有野心想要提供我們對於明神宗之後的中國歷史一些不一樣的觀點。

黃仁宇自己是這樣說的：

《萬曆十五年》一書雖說只敘述明末一個短時間的事蹟，在設計上講卻屬於「大歷史」macro-history的範疇。大歷史與「小歷史」micro-history不同，則是作者及讀者，不斤斤計較書中人物短時片面的賢愚得失。其重點在將這些事蹟與我們今日的處境互相印證。也不是只抓住一言一事，借題發揮，而應竭力將當日社會輪廓，儘量勾畫，庶幾不致因材料參差，造成偏激的印象。

這是第一段。第二段他接著說：

中國的革命，好像一個長隧道，需要一百零一年才可通過。我們的生命最長也無逾九十九年。以短衡長，我們對歷史局部的反應，不足成為大歷史。讀者若想要高瞻遠矚，首先必將歷史背景推後三、四百年。《萬曆十五年》旨意于是，因之我們才可以確切看到中國傳統的社會、政治、經濟、思想等等有它們的結構與節奏，也有它們牢不可拔的特點，與新時代應有的條件一比，距離過大。一到必須改革創造之際，不可能避免一個地覆天翻的局面。

這是《萬曆十五年》中文版〈自序〉最前面兩段。這本書最早是用英文寫成、在美國出版的，後來有學生和助理參與，黃仁宇自己主導將書的內容翻譯成中文，另外為中文版寫了一篇英文版沒有的序文。

在書中他提到了「大歷史」（macro-history）的概念，而在中文版裡，他強調的是「革命好像一個長隧道」。中文版的說法有著黃仁宇自身特殊的經驗，是帶著強烈感情寫出來的。英文的讀者可能無法體會，這本書的題材雖然是明朝的歷史，但黃仁宇的寫作動機卻絕對不是為了單純要了解明朝。甚至可以說，正因為有這樣超越了解明朝以外的動機，這本書才會寫得如此傑出、如此精彩。

《萬曆十五年》當然是精彩的明朝史研究，但是任何一位只在意要將明朝歷史弄清楚的歷史研究者，卻絕對寫不出這樣的書。黃仁宇說，革命像是一條「需要一百零一年才可通過」的隧道，而我們人壽再長，也難以超過九十九年。談明史為什麼會扯到革命呢？因為這裡顯現的不是歷史、史學知識的背景，而是黃仁宇人生的背景。他在書中探索並呈現的，不是單純客觀的知識，毋寧是一個存在問題的解答。

02 中國為何無法成功地回應西方衝擊？

《萬曆十五年》中文版的〈作者簡介〉告訴我們：「黃仁宇，一九一八年生於湖南，天津南開大學肄業。」他大學沒有讀完。依照正常學程，應該二十二歲從大學畢業，算一下，他二十二歲那年是一九四〇年，那是對日抗戰時期。所以他離開南開大學，進入「成都中央陸軍軍官學校」。到了抗戰後期，太平洋戰爭爆發，中國和美國並肩作戰，他得以有機會在一九四六年前往美國軍校進修。他得到的正式學位，一個是「美國陸軍參謀大學畢業」，另一個則是「美國密西根大學歷史學博士」。

這中間他「歷任國軍排長、連長、參謀等各級軍官」，然後「隨國民政府駐日代表團團長朱世明將軍解職退伍」。退伍之後，他於一九五二年再度負笈美國，以三十四歲之齡進入密西根大學，從學士、碩士持續研究，最終在一九六四年取得史學博士學位。

他成長於中國最動盪的時期。一九一八年是「五四運動」的前一年，中國共產黨成立的前三年。用殷海光（一九一九年出生）的話形容，他們這一代是「後五四人物」，沒有趕上「五四」的光輝風華，卻深受「五四」所創造的新文化最強烈的影響、模塑。

這些「後五四人物」，他們的青春時光沒辦法用在文化創造上，而是經歷了戰爭的磨難。黃仁宇甚至還在第一線上，以軍人身分見證了戰爭，大學沒有畢業就應召從軍，進入軍官學校。他以軍人身分到美國受訓，得以和「五四」的文化知識背景接軌，接觸到西方的知識與生活。

戰爭與軍事生涯拖遲了黃仁宇的學術文化追求。他到一九六八年才在美國找到教職，再算一下，那年他已經五十歲了。他攻讀博士時，他的老師是當時任教於密西根大學的余英時，而余英時出生於一九三〇年，比黃仁宇小十二歲！黃仁宇是不折不扣的老博士生。

可以這樣說，黃仁宇的前半生被時代和國家耽誤了。他的經歷以傳統說法是「折節讀書」，放下軍旅的成就，中年以後重新安靜下來做學問。所以他不只有一種正常讀書人不會有的知識飢渴，而且他特殊的生命經驗，必定會影響他如何看待歷史、如何研究歷史。

他念茲在茲的是：為什麼中國如此悲慘？為什麼會有這樣的時代，眼前看來都是不成功的改革，都是一連串革命的挫折？他出生時，「辛亥革命」已經「成功」七年了，然而他卻從來沒有享受過革命成功帶來的好處。

革命為什麼無法完成？在書序中，黃仁宇就是要告訴我們，這是他心中的根本大問題。他之所以研究歷史，是為了認真追求這個大問題的答案。

很多人都困惑於這個問題，不過一般的答案多來自於個人有限的生命時間尺度，找出了袁世凱很可惡、軍閥割據惡搞、蔣介石不抗日、汪精衛賣國等等原因。然而黃仁宇察覺到革命的來龍去脈，和我們個人的生命不是同樣的時間尺度。用個人的時間尺度，會傾向從現實裡去找答案，可是如果用不同尺度，那就會往歷史中去探找。

向前推，很容易就看到鴉片戰爭，看到西方帝國主義在中國的作用。黃仁宇在美國也和漢學家費正清（John K. Fairbank, 1907-1991）上過課，很熟悉當時最流行的「西方衝擊，中國反應」觀點。一八四〇年代之後，中國歷史最主要的現象是西方勢力帶來了一波波前所未有的挑戰，刺激中國不得不摸索做出各種反應。革命是其中一種反應，於是革命的失敗也和之前的其他反應——例如自強運動、戊戌變法——一樣，都是這套傳統無法應對西方挑戰的結果。

不過顯然黃仁宇的疑問無法停止於這樣的解答上。他認真再往前追溯：那為什麼在西方衝擊來到中國時，中國無法成功地回應，因而釀成黃仁宇他們這一代人必須親身忍受的種種痛苦？

其中一項具體的痛苦是和日本人打仗。黃仁宇是一個曾經冷靜地和日本人打過仗的中國人。他那一代有過戰爭經驗的中國人，其中一種人終生仇恨日本，激動得不想再和日本有任何關係；另一種人雖然也終生仇恨日本，卻念茲在茲地思考日本，在他們腦中不斷盤桓的疑問是：為什麼同樣遭受從西方來的狂風暴雨般衝擊，日本的回應遠比中國好得多、成功得多，以至於最後甚至以中國作為他們成功回應西方，強大升起後的犧牲品？

顯然黃仁宇屬於後面這種人。比較中國和日本，他更明確地想問：為什麼中國顛顛躓躓走了很久卻走不出來的革命這條長隧道，日本卻走出來了？

《萬曆十五年》中文版〈自序〉中他說：

我們小時候讀書，總以為日本在明治維新之後，在短時間把一切弄得頭頭是道，使中國相形見絀。殊不知日本在德川幕府末期……其社會已在逐步商業化。況且明治維新進步過猛，其內部不健全的地方仍要經過炮火的洗禮，於世界第二次大戰後忍痛改造。

這麼簡單的一段話，表達了黃仁宇的態度。經過和日本歷史的比對，他認知到對於中國革命失敗的問題，必須更進一步往上追溯，去看看西方衝擊到來之前的中國社會，究竟是什麼樣的因素，使得中國無法有效回應西方衝擊，而在西方衝擊中一蹶不振。

他不斷地認真往前找，最終找到的答案是：如果我們能夠好好地看清楚並解釋一五八七這一年，也就是十六世紀末的中國，就不會那麼意外，為何後來的中國會如此難以適應新挑戰，會遲遲無法推動新改革。

03 將「大歷史」集中在一個特定尺度上

黃仁宇提出 macro-history（大歷史）的觀念，和 micro-history（小歷史）對照，用他自己的話來說，重點在於「作者及讀者不斤斤計較書中人物短時片面的賢愚得失」。這句話有兩方面的意思。

一方面是告訴我們，《萬曆十五年》書中講到明神宗、申時行、張居正、海瑞、戚繼光、李贄等，不是為了要從當時的情況去討論他們誰是好人、誰是壞人，誰這裡做對了、誰那裡做錯了；而是從一個更長遠的「大歷史」角度去看，他們代表了什麼？另一方面，他也要擺脫從現實、狹窄的角度來看現代史，來解釋中國革命的成敗得失。

這篇序文寫成於一九八五年，離黃仁宇去世只有十幾年時間。在那十幾年中，他反覆不斷地以各種方式，運用各種史料來討論「大歷史」。他從西方近代歷史變化寫了《資本主義與二十一世紀》，從中國通史角度寫了《赫遜河畔談中國歷史》；最奇特的，他還處理了《從大歷史的角度讀蔣介石日記》。

他以蔣介石為例，示範如何從「大歷史」而不是「小歷史」的眼光去看待一個人物，去討論中國革命的成敗變化。從「大歷史」看，蔣介石的作用是改造了中國社會的中間階層，終於打造出一個可以和西方現代接軌的中層社會結構。毛澤東則再進一步改造了中國的底層社會。從「小歷史」角度看，蔣和毛兩人是勢不兩立的敵對者，是先後相繼的中國統治者；然而換從「大歷史」角度，他們在改造中國社會一事上分工合作，各有重大的貢獻，對於中國的漫長革命得以走出黑暗隧道，都有不可或缺的作用。

黃仁宇提出的「大歷史」觀念，和法國「年鑑學派」的主張看起來有相似之處，但根本上並不一樣。「年鑑學派」建構的比較接近是「完全歷史」：歷史有各種不同的變化速度，要用不同的時間尺度來衡量、看待，依照時間尺度來觀察、記錄各種不同節奏快慢的變化。將這些不同節奏快慢的變化放在一起，才能夠將歷史的許多環節解釋清楚。

例如地理，看起來是完全不動的因素，卻必然影響、甚至決定一個國家的軍事發展策略與條件優劣。「年鑑學派」也很強調不能忽視變化較慢的部分。但相較之下，黃仁宇更重視一種人際互動模式所形成的社會結構，對於比這個變化更慢的地理、農業、城鄉動線等等，他就沒有那麼在意。也就是說，他的「大歷史」集中在一個特定的尺度上，和「年鑑學派」整合各種尺度的野心仍有區別。

黃仁宇是抱持著現代中國「革命史觀」的問題意識去研究明朝歷史的。他不是要看明朝本身發生的事，而是要探討明朝所形成的社會結構。了解他這份根本、深厚的用心，我們就更能體會黃仁宇了不起的歷史寫作技巧。

一般的歷史研究者或講述者，當要說明中國社會結構時，一定會動用一套結構性的語言，諸如「皇權」、「相權」、「儒生」、「官僚體制」、「商人階層」……，用這種抽象、集體性的語彙來描述並解釋社會結構。談結構，就像蓋房子一樣，將房子先分出地基、梁、柱、牆、屋頂等等，才能討論這些部分的彼此關係如何形成。

黃仁宇的思考方式卻是：要談歷史上的結構，應該是潛藏在表面變化之下，卻比表面變化更根本、更重要，甚至決定、左右了表面變化的各種因素、各種力量；那麼換相反方向看，真正有決定性、有作用的結構，就應該和表面的變化有著清楚的連結。也就是說，如果結構是基本，而且真的如此基本的話，那麼摘取表面的現象，即便是微小的現象，都應該能夠聯繫到底下的結構因素。如果表面現象聯繫不到底層結構，豈不就表示那個結構不夠根本，不是真正的根本？

於是他有了一個大膽的想法：在歷史上挑出一年，整理這一年中發生的各種現象，然後用這些現象回推，去認識、去展現那段歷史的結構性決定因素。這是高度原創的論理形式，而黃仁宇還用同樣具備高度原創性的敘事文字來表現其論理上的創意。

04 無關緊要、沒有大事發生的一年？

《萬曆十五年》先以英文寫成，在美國由耶魯大學出版社出版，書名是 *"1587, A Year of No Significance"*。由大學出版社印行，表明這本書的學術性質，而出版之後，前八年也都沒有印平裝本。這在學術書領域中很常見，因為針對的是圖書館或專業讀者，想讀、要買的人不會為了售價而改變心意，出版社當然也不需要以平裝低價來擴充銷量，維持精裝高價，反而可以有較高的營收。

一本關於中國的書，而且既非通論性質，也非關係時事的現實議題，而是講絕大部分美國人都沒聽過的明朝，可想而知就算出版較為低價的平裝本，也不會吸引多少讀者。

然而黃仁宇這本書卻創下了耶魯大學出版部精裝本學術書的銷售記錄，賣出了十幾萬本，成績比許多平裝書都要好。這是一個奇特的現象，值得注意、也需要解釋。為什麼那麼暢銷？而明明很暢銷，為什麼出版社卻不出平裝本？

因為出版社判斷會買這本書的人，超過了對於中國歷史有研究、有興趣的，他們基本上是因為口碑推薦而來的，主要是對於書名中顯示的歷史研究法、歷史寫作法感到新鮮好奇。這是一群有相當人文知識專業訓練的讀者，他們十分清楚自己要從這本書中讀到什麼、得到什麼，也就有強烈的動機願意多付一點錢買精裝本。

書名中最誘人的是 A Year of No Significance，無關緊要的一年，沒有大事發生的一年。這書名在中文版不見了。一本歷史書，選擇只講一年的歷史，已經很不尋常，更奇怪的，竟然還刻意選了一個不重要的年分？

這明顯違背了史學的常識，甚至違背了更普遍的記錄原則。小時候老師教你寫日記，一定會告誡你：不要寫洗臉刷牙、吃飯睡覺，那是日常、平常，日記要寫今天和別天不一樣的、特別發生的事，或特別的感想。

歷史記錄也是從這樣的原則擴大而來的，有事則長、無事則短，記錄之前一定要判斷重要不重要。但黃仁宇寫的歷史書，卻擺明選了不重要的一年來寫。這是很巧妙、很有效的策略，立刻吸引這類書籍讀者的注意，也理所當然提供給讀這本書的人向他人介紹、和別人討論的重點。

這本書的內容並不是真的只限於一五八七這一年，但如此定書名，表現出很不一樣的歷史態度與史學方法。選無關緊要的一年，意味著不被表面的「大事件」所眩惑，得以看到一個時代、一個社會的結構組成。

「大事件」之所以眩惑，因為其中牽涉到許多偶然因素。描述「大事件」要花很多工夫和篇幅在這些偶然因素上，更因為偶然的介入，很難對「大事件」給出完整的解釋。從敘述到解釋，一定會有「恰好」、「不巧」、「沒想到」、「偏偏是」……這一類字詞，標示解釋的困窮。

沒有大事，才能從表面的正常、平靜中，看出一個時代的政治、社會、經濟運作規則。這樣的時刻，不會真的什麼事都沒有發生，於是還可以換一個觀點，看到一些從「小歷史」角度不被重視的事，為何換了「大歷史」眼光之後，發現其實影響甚大。如此又將 no significance（無關緊要）變成了弔詭、不確定的形容：是從什麼樣的歷史研究與理解角度，判斷為無關緊要的呢？

05 不看人物的短時片面，看更根本的結構

西元一五八八年一月，以農曆計算還在前一年的十二月，一代名將戚繼光去世了。依照黃仁宇的評斷，戚繼光最重要的歷史地位是為明朝打造了一種特殊的軍事組織，之前沒有見過，之後也無法再造。

黃仁宇在書中解釋得很清楚，那是因為戚繼光的軍隊不是中國傳統社會結構所能承擔的。一五八八年戚繼光去世時，沒有人能看見，那是一個時代的結束，而且是中國唯一的一次軍事改革實驗到此落幕。也是要到後來，有了寬廣的歷史眼光，才會看出來歷史的巧合竟然銜接得如此緊密。戚繼光死的那一年，在歐洲發生最重要的事，是英國海軍擊敗了西班牙的無敵艦隊，將世界歷史帶進新的海權時代，而中國剛好錯失了可能參與的關鍵條件。

又例如，在一五八七年當時看來是一件小事，一件 no significance 的事，那是在東北邊境的建州衛，有一個部落的領袖逞其武勇，攻打周圍的鄰人。消息傳到朝廷，大臣分成兩派，爭議到底該剿還是該撫。贊成進剿的主張一度占了上風，但派去的軍隊被打敗了，於是轉而變成安撫的主張被採納，其實就是恃其距離遙遠，不理不管算了。

那個武勇的部落領袖名叫努爾哈赤，他的名字在一五八七年第一次出現在明朝的記錄中。努爾哈赤的行為，以及明朝朝臣從討論到決策到執行並轉向的過程，有哪些是偶然的？又有哪些反映了結構性，是近乎必然的現象或問題？回頭看歷史，從後見之明常常讓我們扼腕，當時怎麼會如此輕忽，怎麼就這樣放過可以節制、壓抑滿清崛起的大好機會呢？

千金難買早知道，我們卻總愛用「早知道」來看待及評論歷史，這就是黃仁宇所說「斤斤計較書中人物短時片面的賢愚得失」的態度。

黃仁宇在書中試圖讓我們看到的是，這不是少數幾個人的錯誤判斷。第一，當時明朝的軍事組織與軍事運作，已經沒有條件可以出關打努爾哈赤。第二，要建立足夠的軍事力量出關壓制努爾哈赤，明朝需要完成如同戚繼光所從事的改革，但戚繼光的遭遇已經證明了這樣的改革無法徹底，也不可能複製。即使派戚繼光去打努爾哈赤，也不可能勝利。

那不是戚繼光的能力問題，不是這些大臣的判斷是否正確，而是由更根本、更龐大且難以改變的結構所決定的。

什麼是結構？例如國家財政是結構的重要一環。黃仁宇撰寫《萬曆十五年》之前，他所出版的其中一本著作，就是探討十六世紀中國的財政與稅收狀況，書中清楚列出了那套制度的錯雜纏夾問題。

現代國家的財政基礎都是總入總出的原則。國家的各種收入，包括每個人、每間公司繳納的各種稅，都先進入國庫，然後由國庫去支付所需的各種公共花費，如此才能做預算與結算。預算和結算必定是分成「收入」總項和「支出」總項的，也才能算出收支是否平衡，盈餘多少或短絀多少。

明朝的財政卻不是這樣總體安排的。像是軍費歸地方政府負擔，而由中央朝廷分派。如果在薊州有兩萬士兵，朝廷命令河北、山東負責張羅他們的所需，但如果這時河北、山東遇到乾旱，需要救濟，他們就另外向朝廷要求給錢賑災。意思是各個不同項目分別處理，沒有統收統支，也就無法在各項目間合理、省事地調節。不斷有新的項目產生，每一個項目都帶來新的行政程序，到後來無論中央或地方都算不清自己的財務狀況，等於大家都只能見樹，卻沒有人能夠見林。不只沒人能掌握國家的總體財政狀況，就連地方單位的帳也是一團混亂。

原本河北、山東因用兵籌了軍費，如果戰事轉到山西，山西苦哈哈籌不出軍費，這時卻無法將河北、山東省下來的軍費撥給山西運用，於是就只能眼睜睜看著因為山西軍費短缺，使得轉往山西的戰鬥由勝而敗，然後再來追究山西敗戰的人事責任。當時的政治體系用這種方式追究責任，後世讀歷史的人很容易跟著「斤斤計較書中人物短時片面的賢愚得失」，這就是黃仁宇試圖要避免的一種態度。

06 蓄意「罷工」、不運作的皇帝

黃仁宇要描述的是明朝體制如何運作，或更重要的，如何不運作、無法運作。看這套結構如何將中國綁死了，以至於有新的變動，即環境中產生了新的挑戰，中國不是不想變、不想轉，卻就是轉不過來。

黃仁宇將系統運作問題追溯到明神宗時，找到了特別容易呈現這樣的結構之所以形成的環境與樣貌。

快速看一下明朝皇帝世系表，就會發現有兩個時間最長的年號，第一名是「萬曆」，第二名是「嘉靖」。這兩代皇帝，一孫一祖，在位時間加起來將近一百年（分別為四十八年和四十五年）。中國歷史上另外還有一對祖孫皇帝，在位時間加起來比他們兩人還長，那是清朝的康熙皇帝和乾隆皇帝，兩人各自在位六十一年和六十年。

然而這兩對祖孫在歷史上的評價卻天差地別。相較於清朝那一組，明朝這組最差、最懶惰。別說和以「勤政」聞名的康熙皇帝比，整個清朝也找不出一位和萬曆、嘉靖同等懶惰的皇帝。

嘉靖和萬曆兩位皇帝中，嘉靖皇帝竟然算好一點。他到了在位的最後二十年幾乎完全放棄朝政，專心在宮中追求長生不老。這還算可以理解，到了那樣的歲數，對於皇帝權位有所依戀，想要抗拒死亡，先保障自己不會死，其他事務慢慢處理就好了。

更奇怪的是孫子萬曆皇帝，他還很年輕的時候就開始不上朝、不見朝臣，開始他不負責任、極其懶惰的生活。換言之，這裡有了一個「不運作」的皇帝。「不運作」的皇帝一定是壞皇帝，但倒過來，壞皇帝卻不會都是「不運作」的。明朝的另一位皇帝武宗正德皇帝，也是歷史上認定的壞皇帝，卻和萬曆皇帝很不一樣。

正德皇帝的壞法，我們也比較能理解。他有著強烈的欲望，無法忍受當皇帝帶來的種種拘束。他只要皇帝權位帶來的欲望滿足與享受，而不願承擔皇帝職位相關的儀式責任。他不想遵守種種宮中禮儀，所以建了特權「豹房」，自己在裡面胡天胡地。他不願被關在皇城裡，受到外面城市繁華的吸引，所以不時微服變裝，跑到外面去玩。他對戰爭的壯觀現象有興趣，所以就封自己當大將軍，帶領軍隊出去過癮。

這是任性非為的壞皇帝。然而萬曆皇帝完全不是這樣。從《明實錄》中明明白白看得出來，萬曆皇帝有超過三十年時間沒有離開過皇城。他不處理政事，但他也沒有像正德皇帝那樣放蕩荒淫。那如何解釋他這種「不運作」呢？

仔細爬梳史料，將三十年不早朝和三十年不離皇城併納在一起考慮，黃仁宇得到一個具突破性卻又可信的結論：萬曆不是單純的懶惰皇帝，毋寧是個蓄意「罷工」的皇帝。

07 君臣之間的雙輸局面和奏本制度

皇帝罷工？萬曆皇帝不是因為懶惰而逃避他的工作與責任，而是和任何一名工人罷工一樣，這也不是他高興、喜歡做的，而是有強烈的理由，必須用這種方式來表達無法用其他方式表達的抗議。

一名工人會為了工時太長、薪水太低，或工作環境太差，因為得不到雇主的注意、改善而訴諸罷工的手段。從這個角度看，皇帝怎麼會罷工呢？皇帝不是雇員，他自己是最大的老闆，不需要聽命於任何人，況且他要什麼會得不到？他有那麼大的權力，他的命令大家隨時都得遵守照做，說皇帝要罷工，太荒唐了吧？

這也是只有從「大歷史」的視角，徹底明瞭明朝的政治結構後才能看得出來，也才能提出的解釋。皇帝罷工的對象不是任何個人，而是朝廷的文官系統，以及文官系統所堅持、衛護的禮法規矩。

皇帝和文官系統之間不是簡單的上下關係而已。在明朝，君臣之間形成了一種雙輸局面，到了萬曆朝更發展到極端。皇帝凌駕於文官之上，擁有很高的權力，但這種權力從朱元璋開始就傾向於從負面來行使。皇帝不尊重文官，在朝廷儀節上貶抑文官，而且皇帝習慣以各種形式屈辱文官，可以任意訾罵，可以當廷打屁股，更可以隨時降職流放。

所以皇帝可以輕易換掉任何一位首輔，但換另一個方向看，他卻沒那麼容易換上自己選的、自己要的首輔。宋朝那種「文人和皇帝共治天下」的合作關係，到了明朝，就改變為君臣之間帶有高度權力緊張的互動關係。皇帝愈是霸凌文官，就愈是刺激出文官在面對皇帝時的一種集體團結意識。

明朝有一種特別的制度，叫做「奏本」。文官上呈給皇帝的文書，分為「陳」和「奏」兩種。比如刑部尚書向皇帝報告和刑部有關的業務，那是「陳」；如果文書內容和刑部無關，就是「奏」。

明朝文官在和皇帝的權力拉扯上，表面上看來是節節敗退，唯一力守爭取到的就是「上奏」的權利。這本來是皇帝權力運用的一環，讓文官之間彼此監視、互相打小報告，如此分而治之。但實際運作後，文官的集體意識逐漸將「上奏」的內容包含了對皇帝的批評，甚至專注在對皇帝的批評。

在皇帝來不及做出進一步調整前，群臣上奏已經成為他們試圖影響皇帝，甚至單純騷擾、牽制皇帝的管道。一旦變成了慣例上皇帝下放給人臣的一項特權，他們當然會緊抓不放，並且經常使用。

而在明朝的官僚體制上又沒有了宰相，是由皇帝直接領導百官。如此同時失去了由宰相來總管、總承，也就是總負責的緩衝。群臣直接受皇帝領導、管轄，他們申張與表達意見的對象當然也是皇帝。

皇帝和宰相最大的差別在於：第一，皇帝不會是從他所要管理的這個體系裡出來的人；第二，皇帝擁有絕對的權力，他不需要遵守制度，他自己就是制度，而且他不需要、也不可能為政策成敗負責。

宰相處理政事要依循規範，這套規範必須向皇帝報告，但皇帝指使官僚系統時卻不需要尊重任何規範，因為他高於規範，或說他自己就是規範。皇帝既沒有經過資格考核，更不能被撤換，系統在最高層次就卡住了，無從選擇也無法流動。

明朝文官系統中，最高的位子是首輔，也就是內閣大學士中的首席。依照慣例，皇帝選擇的首輔是他當太子時的老師。這個老師通常學問不錯，又能夠和皇帝相處，但問題在於，這個老師不見得會有豐富的政務經驗，他們的資歷偏向翰林，對於文官系統的人與事不會那麼熟悉。

當首輔的，沒有執政的資歷，他能做的於是真的就只是輔佐皇帝，文官的領袖仍然是皇帝自己。宋朝建立的文官與皇帝共治天下的精神被破壞了，換成皇帝高高在上單獨指揮，取消了文官的獨立地位，而予以補償的，就是給文官「上奏」的權利，可以有私下報告、批評皇帝的機會。這是明朝政治上的結構。

08 皇帝指揮宦官，宦官再監視文官

黃仁宇鋪陳、敘述了萬曆朝時所形成的結構性僵局。皇帝指揮文官系統，有很大的權力可以調度、整頓，甚至整肅，可是文官系統要能運作，還是得有一套程序規矩。文官為了對抗皇帝，在集體團結意識中，便愈是抬高這套程序規矩的重要性。如果皇帝的命令、做法與他們心目中的程序規矩不符，他們便紛紛寫「奏本」，對皇帝提出強烈的批評意見。

當皇帝和文官的關係愈緊張，文官便愈是注重程序規矩，將程序規矩的地位無限上綱，用來反對、批評皇帝。文官將精神都花在「上奏」，也就是寫和自身業務沒有直接關係的意見，遇到這種情況，文官系統便自動進入一種實質癱瘓的狀態，帶來很多麻煩與困擾。文官系統用這種方式來制約皇帝，改變和皇帝之間權力高度不對等的狀況。

到後來，皇帝也累積了經驗、學到了教訓。皇帝知道自己站在第一線上，承擔領導統制的責任絕對不是好事。但朱元璋斬釘截鐵地立下定則，絕對不許再立宰相，使得恢復讓文官自身來擔負執政成敗變得不可能。於是皇帝便轉而任用和自己最親近的宦官，支使他有把握叫得動的宦官去間接指揮文官。如果有什麼問題，文官上奏批評的對象也不會是皇帝，而是宦官，如此緩衝了皇帝和文官之間的緊張。

明朝實際上的政治運作，是皇帝指揮宦官，宦官再監視、指揮文官。於是中國傳統以來一直存在的宦官現象與宦官問題，在明朝轉型、升級了。不再是宦官圍繞著皇帝，以皇帝之名濫權的問題，而是結構性、制度性的皇帝在統治上對宦官的依賴。

稍微誇張些說，對比宋代士人與皇帝共治天下的情況，那麼明代則是宦官與皇帝共治天下，因為士人與皇帝之間存在著不可跨越的鴻溝，彼此不信任。

皇帝透過宦官來治理國家，於是文官體系要能發揮作用，不可能繞過宦官。《萬曆十五年》書中，開頭就講張居正和小皇帝之間的故事。張居正何以得到權力？萬曆皇帝九歲登基，年紀這麼小，當然不可能親政，依照傳統慣例，應該是由宰相輔政。不過明朝不能有宰相，那麼第二種可能的做法，就是由皇族中的重要人物來輔政。

不過這方面同樣遇到了問題，那是朱元璋在開國時就立下的規矩。為了避免皇族干政，朱元璋訂下了「諸王就國」的嚴格制度。皇帝的親戚，即依照親屬關係可能會有影響力的男性成員，到了一定年紀就必須離開京城。連外戚也一樣，朝廷會給你頭銜、給你封地，但條件就是不能留在皇帝身邊，要去別的地方享受你的地位和財富。所以京城裡不會有重要的皇親國戚。

皇親國戚的干政受到防堵，然而遇到皇帝年紀很小的情況，也就沒有可以穩固依賴的勢力。沒有了皇親國戚，也沒有宰相，那麼還能依靠誰？就是靠太子的老師。張居正就是太子的老師，他是文官中和新即位的小皇帝關係最密切的一個人。不過，和皇帝最親近的除了張居正，另外有馮保。

馮保是「司禮監」掌印太監，也就是宦官首領。歷史上最有名的司禮監頭頭兒是劉瑾，擁有極大的權力，可以指揮「東廠」和短暫存在的「西廠」。東廠、西廠和「錦衣衛」一樣，擺明的功能是威嚇文官系統，確保遂行皇帝意志。張居正和馮保兩人密切合作，結成一個宦官與文官的聯合派系，取得了代替皇帝行使權力的穩固地位。

09 文官系統的結果主義和道德修辭評判

靠著和馮保的連結，張居正取得了明朝歷來首輔中最高的權力。在張居正之前，明朝的幾位首輔，包括張璁、翟鑾、夏言、嚴嵩、徐階、李春芳、高拱等人，先不論能力，專注看能夠擁有的權力，唯一勉強可以和張居正相比的只有嚴嵩。而嚴嵩和張居正取得權力的形式基本相同，嚴嵩也是和宦官密切合作，才得以實質運用大權。

萬曆皇帝登基時，原來的首輔是高拱，九歲的皇帝不懂支配人事，是馮保作主，將高拱換下來，讓張居正換上去。高拱對此事耿耿於懷，他死後刊行的《病榻遺言》甚至用一整卷在罵張居正和馮保。

關鍵的重點不在嚴嵩是壞人、張居正是好人，而在於他們兩人都必須受到這個結構的限制，必須連結宦官才能有所作為。在這個結構中，要有所作為還真不容易。文官系統到了萬曆年間，一共包括了兩萬多名官員，各自有不同的職務，分布在廣大的不同地區，他們之間最主要的共通之處，就是都得通過科舉進入這個系統，同時每個人都希望得到升遷。科舉是一套固定的標準，於是在這個系統內，很自然會期待升遷也有同樣的一套標準來管理。

但談何容易！如此龐大的體系，從地理到職務的差異性那麼高，要如何訂定標準？從結構上看，這套體系逐漸發展出兩種方法來應對這個問題。第一種是採取簡單的「結果主義」。在進行考核時，完全按照客觀結果來評定好壞。這個人當知縣，縣裡遇到豐年，人民過得好，那他就是好官。相對地，那個人當知縣，遇到盜匪搶奪，人民流離困苦，那他就是壞官。

只管結果，不論過程。不問這個官在豐年時到底做了什麼，也不查他是不是在這段期間搜刮了一大筆私人財富；不問那個官遇到的盜匪是怎麼來的，也不查是不是因為縣內收成好而隔壁縣飢荒，所以過來劫掠？

第二種方法是用表面上的儀節和道德名目來管理。根本上源自於無法確實監督視察行政的細節，於是套用科舉的精神，將種類上的差異（difference in kind）改造為、視之為程度上的差異（difference in degree）。抹煞所有的差異，建立一種普遍的行為標準。

皇帝自己管理文官，當然沒有那種能力、時間與心思做細部管理。要讓文官們自身產生一套普遍標準作為依循，那麼很自然地，他們過去在準備科舉時念過、背過的那些道德修辭就成了首要選擇。

這兩種方法加在一起，效果就很可怕了。一個遇到盜匪侵襲的縣官，從「結果主義」看，他必然是一名壞官，再加上道德修辭的評判，那就不只是壞官，還必然成為一個壞人。

在這個系統裡，很明顯地出現了道德修辭嚴重過剩的扭曲狀況。上上下下大家所關切的，首先是有沒有「失儀」。「失儀」最糟糕，因為從表面上就看得清清楚楚，不需要什麼調查了解。相反地，沒有人在意程序、過程，也沒有人要費力氣考究如何做事，因為程序、過程是看不到的，也不被納入考評，如何造成可見的結果才是重點。

文官體系中的日常工作，最主要是維持表面，同時運用道德語言去攻擊別人，以抬高自己。透過許多細節，黃仁宇讓我們看到這個系統中一個個環節彼此扣搭，造成了互相癱瘓的效果。日常實況中，系統內的人在意計較的不是誰做到了什麼、完成了什麼，而是監視誰在道德上有什麼缺失。

年少就即位的萬曆皇帝是在這樣的政治環境中成長，原本由張居正和馮保替他承擔了和這套系統互動的工作，然而接連發生了幾件大事，使得皇帝和文官系統直接衝撞，造成了難以收拾的後果。

10 小皇帝對張居正的依賴與「奪情案」

第一件事發生在一五七七年，萬曆皇帝十四歲時的「奪情案」。至少從九歲登基以來，張居正和馮保就是他身邊最親近的人，他的日常起居、生活儀節，都是他們手把手帶領著他的。

萬曆皇帝十歲時，因為老師張居正稱讚他寫字寫得好，就安排讓他親筆寫字送給大臣，皇帝很高興，立刻寫了四個字送過來。張居正看了一下，覺得那字中有著一份飛揚跋扈，轉而擔心皇帝得意忘形，於是不只取消了本來要送字給大臣的想法，甚至還告誡皇帝，字不必練那麼多、寫那麼好，因為不小心會太沉迷而荒忽了更重要的事。從此小皇帝的日課就將書法取消了。張居正對於皇帝的教育是用這種方式管，可以管到這種程度。

皇帝十四歲時，張居正的父親過世了，依照禮儀，應該要回鄉奔喪並守喪三年。「三年」實際上不是三十六個月，而是二十七個月，制度性地減了幾個月，基本上做到超過兩年。從這種規定就看得出來，要一位官員突然中斷仕途，放下所有工作停擺三年，大家都會覺得很困擾，但傳統禮儀不能違背，只能默契上打點折扣。

這時遇到父喪，對張居正來說很不方便，四年來他發動了許多改革，卻在此時可能因為他離京而停頓。而對皇帝來說，那就不只是不方便，而是刺激出近乎恐慌的反應。於私於公，皇帝都很依賴張居正，絕對不希望他離開，所以才有了「奪情」的做法。

所謂「奪情」，意思是「強奪人情之常」。「人情之常」是父親死了，兒子悲痛之下必須長期守喪，然而皇帝卻下令，朝廷有特殊考慮、有特別需要，不讓他遵照儀節去盡人子之情。

萬曆皇帝下了詔令，要求張居正「墨絰從公」，就是帶孝在京師繼續辦公。此「奪情令」一出，朝廷譁然，一部分的人認定這根本不是皇帝的意思，是張居正自己貪戀職位而去慫恿皇帝下令，甚至根本就是張居正代皇帝下詔的。那可就是貪權忘孝，是再嚴重不過的道德問題。

於是一時之間，大批攻擊張居正的「上奏」送到皇帝那裡，皇帝生氣了，下詔嚴懲參奏張居正的官員，以強硬手段壓住參奏聲浪。後來的權宜辦法是讓張居正穿布袍喪服繼續在文淵閣辦公，並停發俸祿。張居正總共只離開京城三個月，即使離京期間都還在處理重要政務。

11 倫常儀節的報復性制約與「立儲案」

接著又有「立儲案」。萬曆皇帝的大兒子叫朱常洛，是王恭妃所生，到了一定年紀應該要入學了，這時大臣們就建議皇帝應該要「立儲」，將常洛立為太子，這樣他就可以理所當然接受嚴格、完整的太子教育，為將來當皇帝做準備。但萬曆皇帝心中不願意，因為他更鍾意鄭貴妃所生的朱常洵，希望將常洵而非常洛立為太子。

常洵實際上是「子因母貴」，在後宮所有女人中，萬曆皇帝特別寵愛鄭貴妃，幾乎到了癡迷的地步，所以無法想像、無法接受將鄭貴妃以外女人所生的兒子立為尊貴的太子。

不過到了這時候，皇帝已經明白，要跳過常洛，將常洵立為太子，在儀節上很難過得了關，一定會引來朝臣激烈的反應。所以他先發制人，表明立太子是皇帝的權力，群臣不得僭越，不能你們來告訴我該立太子了，我就乖乖照你們說的做，那豈不變成是你們在立太子，而不是皇帝在立太子？

這態度其實是一套矛盾，卡住了朝臣。皇帝的意思是：我知道該立太子，我也沒有不立太子，可是正因為你們這樣叫嚷著建議立太子，我反而不能立太子了。如果你們一喊，我就立太子，那不就等於是我聽你們的，是你們在命令、指使我嗎？

那怎麼辦？看來只好大家都先住嘴，別再提立太子的事。都沒有人囉嗦了，讓皇帝自己決定，自己主動立太子。

好吧，這在君臣上下儀節有道理，朝臣乖乖安靜下來，依照皇帝的條件，一年內不要有人針對立太子之事上奏。等到一年之期快到時，禮部「上陳」了，因為在他們的主管範圍內理應要知道和立太子相關的時間、細節，好事先準備。皇帝卻大怒，表示此舉違背了之前的禁令：不是說好一年內不能拿這件事來吵我嗎？你們違背前令，所以我就不立太子！

皇帝這樣很無賴啊，表面上對禮部的做法表示憤怒，其實心底裡應該慶幸有這樣的機會吧。他得以避過立常洛為太子這麼一件讓他為難的事，尤其是保住了還可以立常洵為太子、讓鄭貴妃榮光的機會。

從史料上推斷，萬曆皇帝是少見的專情皇帝，和正德皇帝的縱情縱慾形成了強烈對比。包括他後來三十年不出皇城，清楚顯示了他對外面城市的聲色現象沒有興趣，也和對鄭貴妃的感情有著密切關係。

另外，他的個性中有一種和皇帝權位很不搭調的悲壯特質，寧可玉碎不為瓦全，不肯變通，以至於形成了自我折磨、自我虐待的情勢。

他不願立常洛為太子，那還有一種辦法，就是將鄭貴妃升為皇后，那麼常洵就成為嫡子中最年長的，也就理所當然可以成為太子。這樣做會很難嗎？其實並不難，因為皇后並未生子，有理由也有前例可以因此廢后。但皇帝不這樣做，而是藉著皇后未生子，給了他充分立場拖著。如果皇后生了兒子，就沒有這些問題做藉口，不能遲遲不處理立太子的問題。

黃仁宇的《萬曆十五年》中，有一章的標題很怪，叫做〈活著的祖宗〉，描述萬曆皇帝年紀輕輕就開始建「定陵」——他死後要居住的陵寢，而且他還積極參與「定陵」的規劃與興建。等到「定陵」蓋得差不多了，他去看，裡面擺了三個棺位，一個是給皇帝的，另一個給皇后，第三個依照禮儀規定，是給太子的生母的。

萬曆皇帝一看，更受刺激，如果常洵立不了太子，那麼鄭貴妃就進不了那第三口棺材裡。為此他和大臣們反覆折衝，暴顯了皇權與文官系統間的糾結。

宋朝的文官有很大的集體力量，遇到大事，例如和遼國征戰，宰相寇準可以作主逼真宗皇帝御駕親征，還可以硬要皇帝到達前線。皇權可以處置任何個別的文官，但對於文官集體，皇權必須一定程度讓步。明朝的文官相較之下在很多地方都變弱了，一般政務失去了自主性，全由皇帝領導決策。但在一個領域上，文官保留了獨占的權力，那就是管儀節。

別的方面管不了皇帝，偏偏在儀節上格外重視。儀節規定，皇帝每個月要進行三次「經筵」，寒暑才免。「經筵」的重點不是真的要皇帝讀書，而是要有這麼一段時間，讓皇帝守規矩，被老師管在那裡，看他的行儀態度是否有不當之處。這段時間中，如果皇帝有什麼不當舉措，老師就開始長篇大論勸戒，當然會勸的、能勸的，也都是一些老生常談的內容。關鍵在於這是文官對皇權最大的制約，愈是在其他方面制約不了皇帝，愈是對倫常儀節方面補償性地重視。

過去中國傳統政治分為宮中、朝中，區別皇帝私人身分和公共事務兩種領域，由不同的人來打理。經常發生的狀況是，宮中照顧皇帝私生活的人，靠著和皇帝的親近關係，逐漸將權力伸到了朝中。但明代卻是雙向逆反，宮中的宦官取得了干預朝中的普遍權力，相對地，朝中大臣報復性管到宮中皇帝的私生活，要求皇帝必須符合倫常儀節。

12 道德過剩，擠壓實質的行政效能

先有「奪情案」，後有「立儲案」，中間在一五八二年時張居正去世了。張居正一死，馬上引發的連鎖反應是馮保被參奏，抓出了他很多缺失。沒有張居正罩住外朝，文官系統群起攻擊馮保，終於使馮保倒臺。沒有馮保罩住內朝，倒過來，外朝殘存的「張派」勢力也不得不瓦解。

皇帝得知馮保的諸多濫權作為，對相關的事情進行了整肅責罰，到了張居正死後兩年，更下詔令籍沒張家、沒收家產。張居正確實很奢侈，在京師蓋的房子遠遠逾制，而且巴結他的官員還幫他在家鄉複製完全一模一樣的房子送他。

張居正返鄉葬父時，坐的是由三十二人抬的豪華大轎，[7]到了目的地，住進預備好的房子，裡面一切都和京師家中一樣。如此的待遇、如此的享受！

在張居正死後，發現他在宮外過的是這種生活，讓萬曆皇帝受到很大的打擊。他完全沒有想

7 此說法最早見於同時代史家王世貞的《嘉靖以來首輔傳》：「居正所坐步輿，則真定守錢普所創以供奉者。前為重軒，後為寢室，以便偃息。傍翼兩廡，廡各一童子立，而左右侍為揮箑炷香，凡用卒三十二舁之。」

到、也無法想像，在他面前教他那麼多大道理的老師，竟然有另外這一面。

他看穿也受夠了文官系統的虛偽。永遠那麼重視儀節，管皇帝、管別人的時候，任何一點細節都不放過，任何一點錯誤就用最強烈的語言抨擊糾正。皇帝表露出意圖，依照私情偏愛欲將常洵立為太子，立刻被朝臣刻劃為違背人倫禮儀的昏君，會帶來傾覆王朝的可怕後果。

他受不了這樣的朝廷，卻又沒有足夠的意志力去對抗文官，更遑論改變這樣的關係。於是逐漸地，他採取徹底被動的方式，拒絕接受他們的任何批評，不給他們任何可以攻擊他的機會，盡量減少互動，也就形成實質上對應文官系統的罷工狀態。

黃仁宇尖銳地點出了明朝政治上最大的問題，那就是道德過剩，擠壓了實質的行政效能。在這樣的政治體系中，無法簡單地「就事論事」。而既然連「就事論事」都做不到，任何討論一定牽扯出道德評價或指控，那麼在政事的執行上，就不可能有一套精確的制度與衡量標準。

尤其不會有最清楚、最可靠的標準——數字。因為從研究財政出發，黃仁宇格外重視數字。

《萬曆十五年》第一章中說了一件有趣的小事。萬曆十五年陽曆三月二日，北京城冰雪尚未解凍，突然間城內大騷動，有傳言說皇帝下午要上朝，所有官員都要到。於是大家連忙搭轎子前往，下了轎子趕向皇城，午時皇城外聚集了好多人，但裡面的禁衛軍沒有任何動靜，城樓上也看不到任何皇帝上朝的準備。

後來宣布是謠言一場！萬曆皇帝當時已經很久沒上早朝了，怎麼會突然要午朝呢？幾千官員聽信謠言，管文書通知與儀節管理的官員立時被指責。但接下來怎麼查都查不出謠言的起源，對於這樣荒唐的官員集體出糗，皇帝指示：當時在京的官員每人都罰俸兩個月。

這件事從一個面向看，就是當時的風氣如何重視儀節，官員絕對不能錯過上朝，所以才會有幾千人相信一個向壁虛造、沒有任何權威來源的謠言。而從另一個面向看，所有官員都少了兩個月薪俸，皇帝的處罰很重啊！不，其實一點都不重，兩個月的薪俸對他們來說不是什麼了不起的收入。

他們絕大部分的人，甚至可以說所有的人，都不是靠薪俸過活的。

13 正面規定都失靈，只剩負面規定在作用

這裡才凸顯出海瑞的獨特之處。《萬曆十五年》用一整章講海瑞，講到從史料看，明朝官員之中，幾乎只有他一個人窮乎乎地只靠薪俸過日子，沒有其他收入，去世時所有的財產只剩二十兩，還不夠買棺材辦喪事。

海瑞是個怪胎，堅持要名實相符，所以他在明朝官場環境中會惹很多麻煩。朱元璋特別告誡官員「爾俸爾祿，民脂民膏」，然而到這個時候，明朝京官的俸祿只占他們收入的一小部分。

官員的其他收入有「常例」，也就是任何一筆公家費用經過了他的衙門單位，就會有一定的比例被扣下來。和國家租稅有關的，不管是物資或銀錢，都有「耗」或「火耗」。「耗」就是運送過程中的損失，會按比例，而且是愈來愈高的比例扣除，不用繼續上繳。「火耗」原先指的是碎銀化零為整、鎔鑄過程中會有的損耗，但後來根本不管需不需要重新鎔鑄，就算是整錠整錠的銀兩，也同樣扣下「火耗」，進入官員的私人口袋裡。

很明顯地，「常例」高低取決於有多少公款、公家物資會經過你的單位，於是官員之間就有強烈動機彼此結交，好安排、影響這些款項或物資的流向。在這樣的官場上，人際關係遠比官僚規範重要得多。同樣的一個職位，隨著不同人建立的不同人際關係，可以有千千百百種不同的做官方式，也就有千千百百種高下差別的收入。

一個龐大的帝國體制，有正面的規定，也有負面的規定，規定該做什麼、不能做什麼。然而明朝的體制運轉到後來，最奇特也最可怕的情況是：基本上正面的規定都失靈了，只剩下負面的規定在作用。

戚繼光在練兵時留下了一本手冊，反映出明朝軍隊在此之前並沒有統一的範式。然而戚繼光所建立的範式，在他死後卻無法存留下來，又被這套體制裡的負面規定作用取消了。這是很清楚、很遺憾的一個例證。

黃仁宇的書源自於他的生命實存困惑，要追究為什麼自己身陷在這樣一個中國殘弱、革命遲遲無法完成的時代，以至於最後還要流落到美國，在美國的學院環境中辛酸謀職。從歷史上溯求取答案，他刻劃了中國近世後期政治、社會的結構性危機，那就是——各個部門是用一種負面的方式連結起來。不是連結後可以一起做什麼事，相反地，是連結起來保證什麼事、哪些事一定不會發生。

這樣的負面連結結構一度因為滿清的建立而有所鬆動，但在康熙朝之後又重新回來，而且愈來愈堅固。因為到了康熙朝，滿洲人確立了他們以少數統治多數的基本策略——要在文化上，尤其是文人文化方面，做得比漢人更像漢人。

清朝的皇帝比明朝皇帝好得多，然而種種因素影響（後面兩冊書中會詳細討論），使得底層的結構沒能被改變。黃仁宇的「大歷史」觀點告訴我們：在此之後到二十世紀，不論是盛世或衰世，歷史的基本結構，使得中國無法有效應對西方勢力與現代挑戰的因素，早在一五八七年就已經形成並固定下來了。

第七講

明代的財政及其危機

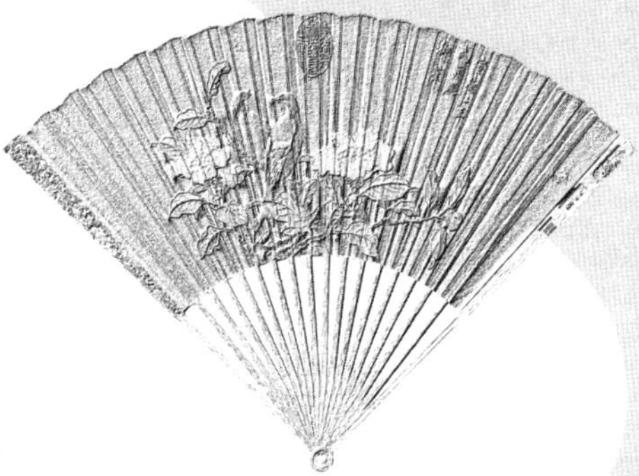

01 管理工具出現前，國家要如何運作？

人類現代生活中，有許多和國家管理相關的工具，例如我們朗朗上口且經常關注的GDP（國內生產毛額）、GNP（國民生產毛額）等等，都是在這一兩百年內才發明出來的。其中有很多都是概念工具，例如必須有計算國家總體經濟生產的方式，找出可以在時間中比較總體經濟生產變化的辦法；還有，發現如何控制貨幣發行，運用貨幣發行的多寡來影響對外貿易，觀察並控制對外貿易的進出口量差距，因應入超或出超來進行調節。

這些逐漸成為現今的社會常識，甚至進一步被寫入中學課本裡，作為公民教育的一部分，期待所有的人都具備基本的了解。今天任何一個人要承擔稍微大範圍些的管理工作，一定要證明自己擁有這樣的概念和知識配備。

然而從歷史上看，最突出的現象是，比如中國的明朝，那麼大的帝國實際存在，管理這個大帝國的工作必須執行，但在負責管理大帝國的組織中，卻沒有任何人具備這樣的觀念和知識配備。現在我們高度依賴、絕對不可能離開的國家管理工具，在當時都不存在，是到很晚近的時候才發現、發明或發展出來的。

例如經濟上的「凱恩斯主義」（Keynesian Economics），主張在經濟成長停滯時，要運用赤字預算來創造公共需求，以刺激景氣。這樣的主張明顯是違背常識的。常識的反應一定是富裕的時候慷慨花費，窮困的時候節省開支，個人、家戶是如此，政府也是如此。凱恩斯卻說，個人、家戶可以如此，但政府不可以如此。沒有花費，就沒有活絡的景氣循環，大家都將錢省下來，只會造成大家都賺不到錢的結果。所以政府要帶頭花錢，付利息把民間不敢花的錢借來，用在公共工程上，創造就業，將錢當原料與工資付出去，讓錢流動。於是逆轉循環，變成大家都有錢賺，大家都有錢花，總體經濟才能恢復正向成長。

這是二十世紀才出現的理論，並且是在遭逢空前的經濟大恐慌災難後才得到了試驗，也才證明了在大規模的經濟運作上是對的、是有效的。今天美元實際上已成為國際貨幣，大家都關切美元的匯率變動，世界中存在著一個貨幣交易匯兌市場，這種事務頂多也只能追溯到一九四四年的布列頓森林協議（Bretton Woods Agreement），那是國際貨幣協定最重要的源頭。

當我們活在這樣的環境中，受惠於這些總體管理機制，因而很難想像，必須特別有意識地去想像：在這些機制出現之前，歷史上的國家要如何運作管理？

02 早熟的帝國靠的是意識領導

在這套書中，我多次以「早熟的帝國」來描述中國的情況。為什麼是「早熟」？這並不表示我相信一套固定的歷史公式，認為歷史發展有其一定的階段進程，必然要先從這裡走到那裡，所以認定中國沒有走完每個步驟，或是跳開了某些步驟，就進入帝國的統治形態。

不是的。我所說的「早熟」，不牽涉先入為主的歷史模式，而是一種實然的描述，重點在於指出中國從西元前第三世紀形成了中央集權的帝國統治形態，開始了對於龐大範圍的集中統治，而能夠用來進行如此統治的條件，相對是貧弱、欠缺的。

相對於我們從廣大人類經驗累積得來的實證歸納，中國在許多相關條件都不完備的情況下，誕生並維持了這樣的龐大帝國。回頭看漢武帝時接受董仲舒的建議，「罷黜百家，獨尊儒術」，建立新的國家意識形態，如此創造了一種帝國管理工具，後來證明極其重要、極為有效。

靠著意識領導，漢朝產生了一套早熟而完備的官僚體系。在沒有方便的交通系統，也沒有經常、固定資訊交流的條件下，靠著讓每一位進入這個體系裡當官的人，都有著基本相同的價值信念，用以管理他們的工作使命。於是原本因為幅員廣大、交通不便、訊息交流不足等問題會有的分裂離散，使得帝國無法維繫的傾向，都受到有效的抑制。

這套統轄帝國官僚體系的思想，強調將自然血緣的家戶倫理推擴出去，形成官員的行為依據。於是在早熟的帝國管理中，產生了高度「家戶長精神」的統治形態。每個進入官僚體系的人，都確保已經接受儒家的家族倫理由內而外的一貫價值信念，作為他根深柢固的職務認知和想像基礎。

在官職上，和人民形成類似父母與子女間的關係，要為人民的生活著想，要負責讓他們有飯吃、有衣穿，要替他們解決問題。官僚體系裡的人都被這樣的想像模式洗腦了，高度認同這樣的模式，徹上徹下，才能克服現實上的諸多阻礙因素，組構如此龐大的帝國管理機制。

通過統一信念的考核，進入這個體系後，官員有很大的空間照顧自己負責的地區與職務，保留了處理差異性的餘地。也因此這個體系長期以來無法制定標準程序，必須只管結果不管過程。讓過程多元化，才能在其他條件不充足的情況下，有效地統一管理如此廣大且歧異的範圍。

沒有任何一種SOP可以顧及各地的差異需求，如果強調SOP，帝國可就要分裂瓦解了。所以必須在目標上維持相當大的寬容，讓官僚體系裡的人自由心證，去照顧、看管他們分配到的人民。朝廷需注重的，是該收的稅有沒有收到，人民有沒有吃飽、有沒有衣服穿，遇到旱澇時是不是能夠避免流離失所。

03 白銀從來不是明朝官方的貨幣

不過帝國發展愈大愈久，文官系統內部的規律、規則也就日益複雜。明朝承襲了這套系統，也增加了一些特別的變化。

一項重大變化來自朱元璋。他不像宋朝趙家皇帝那麼信任文人，他的出身與個性都使得他帶有對人民的高度控制欲。前面提過，雖然統治的是大帝國，朱元璋的理想卻是老子式的「小國寡民」，人民徹底安靜、徹底被動，完全農業化、完全素樸。

他依照這樣的想像來訂定制度，以至於這些制度忽略了帝國內部各地的差異性。因為和現實有太大的距離，這套制度無法真正落實並產生效果，甚至反而得到和朱元璋的設計用心完全相反的結果。

訂定這些明顯不信任文官的制度，摧毀文官的自尊自信，同時也就破壞了歷史上文官治民的心理基礎。傳統上，文官是抱持著一種家戶長的態度治民的，和他的地位相稱，要有一定的自尊與自信，才能以家長的心情來設想辦法、執行業務。但朱元璋大幅縮減文官的行事空間，甚至刻意羞辱文官，實質上打掉了文官系統的核心態度與相應的核心能力。這樣的制度、這樣的設計，從一開始便已經構成朝廷、國家的潛在危機。

動搖傳統的管理基礎，卻又沒有現代國家的統治工具以代換，那就使得明朝的統治出現許多漏洞。在財政方面，現代國家管理上首要的工具是統一的貨幣，以及用貨幣統一計算的收支。然而朱元璋夢想「小國寡民」，在制度中反而設下根深柢固的反商業、反貨幣的精神。

明朝前後兩百七十六年間，一共進行過四十次銅錢鑄造。銅錢是明朝正式的官方貨幣，四十次的鑄造一共造了八十億文左右，平均每次兩億。讓我們比較一下宋朝的記錄，兩億枚銅錢是宋朝平均兩年內的鑄造量！

以銅錢為基準的話，明代的貨幣發行量大幅萎縮為宋代的四分之一左右。這樣的貨幣規模要如何支應社會上的商業活動需求？

但明代的商業活動沒有因為貨幣不足而窒息停滯，倒退回純粹的農業社會，那是因為白銀有效補充了銅錢的不足，成為價值更高的上層貨幣。西方大航海時代從美洲增補了大量的白銀，進入亞洲以交換瓷器、香料等物品，確保白銀的供應持續增加。不過在朝廷的制度上，仍維持著保守的精神，從來沒有將白銀變成公定的貨幣，也因此造成社會上的紊亂因素。

明朝前面六十多年甚至是禁用白銀的，後來解禁了（明英宗正統元年廢除禁銀令），准許流通，再進一步，准許繳納稅款。然而朝廷從來沒有打算要負責管理白銀，更沒有要發行官方的白銀貨幣。

04 倒退回穀物本位，明代怎麼收稅？

從一個角度看，朝廷不管白銀，白銀得以在民間自由流通，刺激並創造了繁榮的「資本主義萌芽期」現象，那是極其活躍的白銀經濟。然而換另一個角度看，這種情況卻給朝廷製造了許多難以解決、甚至不可能解決的大問題。

在國家財政上，明朝是大倒退的。從唐朝制訂「兩稅法」，國家財政就朝貨幣化、統一數字化的方向發展；到了宋朝，已經有了每年以銅錢來計算的財政管理。然而在朱元璋的農業社會想像中，使他放棄了以銅錢管理國家財政的做法，倒退回穀物本位，用「石」作為國家財政的計算單位。

明代國家財政的關鍵數字是「兩千七百萬石」，這是朱元璋留下的總田賦定額。明代的田賦沿用唐朝「兩稅法」的慣例，分夏、秋兩季徵收。之所以分成兩季，主要是針對不同的作物，夏季收的是麥子，秋季則收米。那麼「兩千七百萬石」這個數字看來是統一的，但實際上是將麥和米兩種作物的重量加在一起產生的。

「兩千七百萬石」是一個重量總額，中間有一部分是麥，一部分是米，但這兩種作物的價值不一樣，而且價格也會變動。米的價格一般高於麥，差距最大時，一石米可以比一石麥貴上四成。但在國家財政上，這兩種作物被一視同仁地加總計算。

還不只如此。田賦徵收還牽涉到其他作物，那不能和米、麥直接用重量加總，所以規定要「折色」，也就是折算。受到反貨幣意識形態的影響，朝廷折算時故意不用銅錢為標準，而是先規定一石米和一匹棉布的交換比例，再將其他東西折算為布，最後才算回應該等於多少石的米。如此以布而不以錢為折算中介，保留了農業生活性質。

除了「折色」之外，還有「代納」的問題。一個地方平常繳納豆子，然而這一年朝廷特別需要木材，於是就將徵收豆子改成徵收木材，這中間又要有一個換算比例。

朝廷稅收每一件都牽涉到換算，但依照規定不能用銅錢為中介來總計，而是必須保留農業生產中的重量單位「石」。明朝堅持用這種不方便的方法計算稅賦達六十多年，直到隨著白銀解禁，才將一石米換算為零點三兩白銀，勉強有了中介的貨幣單位。

而且如此複雜的事務，在朝廷裡並沒有一個類似今天財政部的單位，當然也沒有專業的財政部長和部員。最接近財政部的是戶部，但戶部和現代財政部有一項關鍵且無法彌合的差異，那就是戶部是純粹的執行單位，不具備政策功能。戶部不管預算，也管不到什麼物資要在哪裡徵收，總共要徵收多少。他們只管上面交代了目標之後，想辦法達成目標。

那政策、預算在哪裡訂定？理論上，掌管戶部的還能有誰？當然是皇帝，只有皇帝能下這樣的政策命令，戶部只是執行並將資料彙總而已。

史料顯示，十四世紀末，在某一年之中進到戶部的地方財政資料達到兩千三百四十七筆之多。這個數字表示：這些資料在到達戶部之前沒有事先整合，也無法整合。既然不是整合過的資料，其複雜程度便超過兩千三百四十七這個數字所顯現的。因為資料五花八門，用各種不同格式寫成，很多資料在北京的戶部還得透過南京的戶部才能取得，就算北京戶部自己轄下的各省，也都有省內收集資料的方式，一直到縣的層級都沒有統一。

而管理這些複雜資料的戶部，在那個時候，整個單位上上下下一共五十一名正式官員，加上一百六十名胥吏，如此而已。放在今天的政府編制裡，別說是財政部，恐怕部裡面一個司的一個分支辦公室，就有這麼多人吧！

05 官和吏角力，戶部和兵部工部也角力

朝廷的戶部編制中，有一個單位叫做「十三清吏司」。「十三」來自於「十三省」，所以是各省和中央朝廷的聯繫單位。

不過「十三清吏司」除了要管十三個省之外，還有很多繁雜的業務。要管北直隸、南直隸這兩個不在十三省以內的特別區，要管鹽業專賣，要管漕運倉儲，要管御馬房等等。

所以北直隸的財政由福建清吏司兼領，南直隸的由四川清吏司兼領，鹽課由山東清吏司兼領，漕運由雲南清吏司兼領，關稅由貴州清吏司兼領……，這樣的安排很怪吧，為什麼將北直隸的業務和福建的放在一起？這中間只有一個簡單的考量，就是福建、四川、山東、雲南、貴州這些個地方因為不同理由相對比較閒，所以就分到兼管業務，順便做點別的事。

管理中央和地方財政的聯繫，還有餘力可以管其他業務，可想而知在本業上是用什麼態度在管了。

前面提到戶部的員額，最多的時候增加到七十四個官和一百六十五個吏，官增加了一半，吏卻只多五個，但真正做事的是吏而不是官。顧炎武檢討明代沒落問題的《天下郡國利病書》，就重點提出了吏的狀況。吏不像官，沒有統一的晉用管道，都是靠人際關係，因而有很多親戚同鄉的連結。一個單位中的吏，形成複雜而堅固的師徒、親戚、同鄉關係，彼此掩護，和官之間則形成表面上下隸屬、實際緊張角力的關係。

「流水的官，鐵打的吏」，官來來去去，不只調動頻繁，而且自己無法控制什麼時候被調到哪裡去，也就不可能有所準備。沒有準備到了任地、就任新職，幾乎不可能立即進入狀況，要做什麼事，都必須問已經長期在那裡的吏。

因而可以更簡單地這樣看：明代的戶部，人力微薄到真正在做事的不到兩百人，這和宋代的規模相比，少了一半以上。宋代的財政管理逐漸朝專業化發展，明代相較開了倒車。

戶部規模太小，能管的很有限，而關於國家財政事務，除了戶部之外，還牽涉到其他單位。

例如兵部在這方面也很重要。「衛」、「所」這種軍事機構的經費是用分配的，由一個縣或一個州來負責供應。分配到的州、縣，財政收支就脫離戶部管轄範圍，改為隸屬於兵部。

還有，兵部需要用馬，交由民間以攤派方式養馬，養馬各戶的田賦、力役就轉由兵部管理。後來發現效果不彰，便改弦更張，重新徵收田賦、力役，再用這方面的收入找專人養馬。但是這些民戶的田賦、力役就繼續放在兵部，沒有歸回戶部統籌收支。

驛站也屬兵部，由附近的里甲負責提供資源，這部分的財源又從戶部轉歸兵部。總體來看，兵部和戶部在財政劃分上有很多的交錯混雜。而兵部和戶部是平行單位，互不隸屬，理論上他們的交集在其上的共同長官，也就是皇帝，只有皇帝能夠整合這兩個部門的業務，然而皇帝可能有那樣的精神和本事，去了解這中間的複雜關係嗎？

還有一個和財政關係密切的單位是工部。以今天的概念來說，工部負責的是公共建設。今天公共建設首先必須確認預算，例如將兩億四千萬撥來蓋一座橋梁，是用錢算的。明代工部的運作則是要分項確定材料的來源，需要多少木材由哪個地方出，多少石頭由哪個地方出，以及工匠又是由什麼地方負責提供。

這又牽涉到攤派。攤派到這地方，規定本來繳米、繳豆子給戶部的，就改成繳木材給工部，於是戶部原有的收入就減少了。戶部經常會因此對工部不滿，產生緊張甚至爭奪，但他們之間也沒有固定的協調機制，沒有在兩者之上的國家會計設計，沒有統籌國家會計的財政部長。

06 紫禁城的開銷最麻煩也最沒有底

財政部和財政部長最重要的工作是管預算。明朝的財政卻只有一個不精確的數字作為預算的基礎，那就是朱元璋定下來的「兩千七百萬石」。朝廷的首要執行責任就是每年要收到這兩千七百萬石，依照這定額層層分派下去，不管各地徵收的條件出現什麼樣的變化，兩千七百萬石這個數字是不能變的。

更誇張、更荒唐的是，也不管國家總體需要花多少錢，或真正花了多少錢，這兩千七百萬石也都不會變。兩千七百萬是「定額」，而不是「預算」。「預算」的意義與作用是事先估計、調配，大致可以有多少收入，需要多少開銷，讓兩者不要有太大的差距，維持平衡。

但明朝的國家財政歲入是固定的，歲出卻沒人知道會有多少。其中最麻煩、最沒有底的是宮中的開銷。自明朝以後，皇帝和朝廷徹底合一，過去宮廷和朝廷兩套收支安排的方式也被打破了。漢朝九卿中的太僕、光祿勳等是管宮中事務的，宮中收支和皇帝私庫也由少府管理，和朝廷財政是分開的。明朝取消宰相，以前宰相帶領朝廷所形成的獨立系統消失了，皇帝自己擔任朝廷領導，也使得朝中、宮中分不開了。

一方面，皇帝的公事和私事無法分開；另一方面，皇帝的公共開支與私人開支也分不開。萬曆皇帝的長期罷工，就是這種情況帶來的一項嚴重後遺症。一直到宋朝，皇帝要冊封妃嬪，和朝廷百官無關，那是皇帝的私事，由皇帝自己決定，有什麼儀式、什麼花費也從皇帝私庫裡開支，不需要讓朝廷知道。

宰相統領朝廷並為皇帝處理對外事務，宦官為皇帝處理私密的宮中事務，如此明確分工。立太子因為牽涉到下一任皇帝人選，比較敏感，才成為既公亦私的交集議題，但其他如冊立妃嬪，甚至廢立皇后，一般外朝都不參與意見的。

然而到了明朝，這些分際都被打破了。萬曆朝時，冊封鄭氏為皇貴妃的典禮是由申時行以內閣大學士身分主持的。如此當然也就使得外朝對於皇帝的言行，不分內外、公私，都有著許多意見。宮中開銷也是其中重要的一項。

明朝帝國的官僚體系龐大，有兩萬名正式官員，加上五萬名胥吏，都要由皇帝自己領導、管理。還有皇宮，那是在紫禁城圍出的一個小王國，其中包括超過五十個單位。宮中所需的物品，基本上都在小王國裡生產，有眾多工房，由工人匠戶在裡面工作。

宮中開支有很大一部分是以戶籍來處理的。工人成為宮中匠戶後，就不再屬於戶部管轄，不用繳交田賦。如擔任宮女的屬於「女戶」，一個人進宮當宮女，就全家免徵。8

朱元璋的理想是用戶籍性質管住每個人，農戶就務農，鐵匠就一直打鐵，都不要變動，以創造一個最穩定的社會。不過這種理想不可能實現，最終只能要求世代至少要有一人繼承這項專業，而名義上其他人也不能轉入別的專戶，於是最常見的做法就是從事唯一不受專戶限制的行業

——從商。這是促使明朝商業發達的另一項重要因素。

宮中開銷用這種明顯侵奪戶部收入的方式取得，而紫禁城這個小王國在開銷上幾乎不比外面的大帝國少。官僚系統上上下下七萬員額，巔峰時期的宮中宦官也到達七萬人，如果再加上宮女及其他人員，那麼依賴皇宮生存的人，絕大部分時間都在十萬人之譜。十萬人也就意味著十萬戶免徵，這只是人力成本，還沒有計入其他物資開銷。

而且宮中開支牽涉到皇帝的絕對權力，無法有定額，無法有預算。像正德皇帝要蓋豹房，他下令蓋就得蓋，不會考慮事先有沒有這筆預算，更不可能以沒有安排這筆開銷為藉口，阻止皇帝的欲望。這麼大宗的開支全由皇帝的主觀任性掌控，不能列預算，那麼整體的國家財政當然不可能穩定。

8 《大明會典．給賜一》「雜給」條記載：「凡在京軍民家，選中侍女進入內廷者，嘉靖二十六年准收充女戶，食糧免差，仍各賞銀五兩，緞一疋。」

07 銀庫難以劃拔，稅畝成為逃稅弊端

現代國家財政管理的另一個重要機構是中央銀行，而明朝也沒有可承擔中央銀行功能的官署。

在戶部之下有一個單位叫「太倉庫」，這名稱顯然是從米糧的儲存、管理事務上來的。不過這時候「太倉庫」裡收管的已經不是米糧，而是白銀。當時的主要貨幣白銀就收藏在這裡，然而「太倉庫」絕對不是中央銀行，不可能有統籌貨幣的權職。

成祖遷都北京之後，南京另有一個小政府，有自己的銀庫。另外，太僕寺（掌牧馬，屬兵部）有自己的銀庫，稱為「常盈庫」；前面提到的工部也有自己的銀庫，叫做「節慎庫」。五寺中另一個光祿寺（掌膳食），也有自己的銀庫。

在這幾個銀庫間有一個術語，叫做「劃拔」，光看字面都可以感覺痛，意思是要將一個銀庫的白銀轉到另一個銀庫去。誰有「劃拔」的權力呢？只有皇帝。所以不能說戶部銀庫短缺，就去調工部的，也不能工部沒白銀了，就去問一下光祿寺有沒有。戶部不知道工部有多少，工部也不會知道光祿寺有多少，這完全只在皇帝一人的管控中。

只有皇帝能管控，實質上等於沒有管控。在《明實錄》中經常看到，即使皇帝要「劃拔」這些單位，他們的第一反應幾乎都是拖，能不撥就不撥，能晚一天撥就晚一天撥，從本位立場出

發，畢竟撥給人家自己就沒有了。他們先拖著不撥，再找理由上奏皇帝，試圖說服皇帝打消「劃拔」的念頭。

雖有「劃拔」的辦法，但真實狀況下，即使皇帝下令，「劃拔」都很少施行。總體來說，國家沒有中央銀行，也沒有各個單位用錢時財政上的彈性。工部要疏通運河，要從自己的銀庫裡開支，不能動用戶部的。財政收入已經受限於「兩千七百萬石」的定額，劃分上又僵固在各單位的本位區劃，使得開支因為沒有彈性而必然沒有效率，需要用錢的單位沒有錢而無法推動業務，有錢的單位卻將錢花在沒有迫切需要的項目上。

再看「兩千七百萬石」收入的取得方式，主要是依「里甲制」來分配。朱元璋將全國分成每十戶一甲，每十甲再加上十戶，一共一百一十戶為一里。奧妙在這不整齊、多出來的十戶。這十戶是里中最有錢的人家，他們在十年內每戶輪流當一年里長。

明代的「里」，不是守望相助的里，而是徵稅收賦的責任單位。「兩千七百萬石」層層分配，到達里的層級，從里開始確實將定額繳交出來。所以將有錢人抓出來輪流當里長，讓他們主管徵稅、繳稅，不足之數確保有人有能力承擔補足。而且一戶輪一年，一方面不會因此傾家蕩產，另一方面又能收到抑制富戶、平均財富分配的作用。

而到達里的層級的細節定額，源自抽象的想像安排。《明會要》中記錄朝廷的規定：全國土地依照每五尺為一步，每兩百四十步平方為一畝，一般民田一畝稅額為零點零三三五石，也就是三十畝田徵收一石。如果是官田，那就收一畝零點零五三五石。從數字上看，如果平均每畝田每年可收兩石，那麼稅賦很輕，大約只有六十分之一，不到百分之二。即使是官田，也才抽不到百分之三。

不過問題在於並不是每畝田都能年收兩石。江南好一點的田，有年收三石、甚至四石的；但很多荒僻之地，年收不到一石。歸結到最根本的問題，仍然是一體規定，沒有考慮到地方差異，在抽象想像中抹煞了差異。

但差異真實存在，到真正攤派徵收時，就不能不調整。明代的田賦徵收，剛開始以「畝」為單位，後來就改成以「稅畝」來計算。什麼是「稅畝」？就是依照該塊土地的生產力進行的數字調整。一塊生產力沒那麼好的土地，實際的一畝面積可能才算成三分之一「稅畝」，如此其稅賦就降了三分之一。

「兩千七百萬」定額不變，然而各地認定「稅畝」的方式不一，必定有很多紛爭，也必定製造了很多上下其手的弊端。「稅畝」會一直變動，總體來說，大家都會盡量奔走運作將田地的「稅畝」降等，以便省稅、逃稅。這是各地土地徵稅根本上一直存在的混亂。

08 地方分級混亂，官吏員額缺、薪俸低

明朝的地方制度問題很多，採用的是不確定的三級或四級制，省、府、州、縣，雖然有四個名稱，但不必然都是四級，而有不同的搭配方式。大部分情況下是三級，省一定在最上層，但有些州上面沒有府，有些縣上面沒有州。沒有府的州直接隸屬於省，形成省、州、縣三級制；沒有州的縣直接隸屬於府，形成省、府、縣三級制。

此外，有些州底下沒有縣，那就是省、府、州三級制。還有南直隸與北直隸，叫做「直隸」，顯示它們直接隸屬於中央朝廷，上面沒有省。然而直隸州、直隸縣卻又不是屬於南直隸、北直隸的，它們也是直屬中央朝廷，所以位階是和南直隸、北直隸平行的。

中國歷史上的統一王朝，沒有見過這種混亂狀況。依照朱元璋的設計，縣是稅賦徵收單位，負責確實執行收稅上繳。府是負責會計，視所轄縣的生產財富多寡來調整分配稅賦數目。而省則負責轉運，徵收來的物資、白銀，不需要經過府，直接從縣送到省，再由省分發轉送出去。

這三級在財政上有清楚的分工，然而變成奇特的四級制後，財政辦法便隨之糊塗了。府無法確定到底是第幾級，有時是由下而上的第二級，有時是第三級；多出了原本沒有財政分工角色的州，那就不知道究竟哪個層級負責會計、哪個層級負責徵收。

比較穩固的，是縣總在最底下，在徵稅上處於最核心的位置。但一個縣的人事編制總共只有四個人——知縣、縣丞、主簿和典史。再加上吏，頂多也不過十來人左右，如何能有效地完成收稅的任務？何況他們要處理、要負責的不只是收稅？

從細部看，明朝在行政上明顯官吏人員不足。兩萬文官、五萬胥吏，七萬人，絕對數字看起來蠻大的，然而明朝在巔峰時期有十三個省、一百四十個府、一百九十三個州、一千一百三十八個縣。光是一個縣分配四名文官，就占掉四千多名員額，難怪只能用這麼小的規模來編配。

為什麼官僚體系沒有在過程中隨著業務而膨脹其規模呢？這又是朱元璋的信念遺留，政府要愈簡單愈好，而且朝廷的財政有著「兩千七百萬石」的上限，阻擋了官員增加。朝廷永遠沒有足夠的錢來養官員。

造成的結果就是明朝官吏薪資很低，因為國家財政上的收入只夠應付那樣等級的人事費用。朱元璋為了不讓皇親國戚在京城干政，規定他們一致「就國」，去到分配給他們的一塊地方。他們有頭銜，但其實並沒有真正的屬國，而是給予他們在那裡的基本待遇。不同爵位的待遇差別不大，都是每年一萬石左右。到十六世紀初，領這種待遇的王侯超過了三百人，於是這部分的開支就有三百萬石。

以國家總收入兩千七百萬石來計算，這是一筆占比超過一成的開支，所以到後來，朝廷經常付不出來，就只好發明各種其他支付方式。最主要的辦法是解除過去對於王公貴族的種種禁令，讓他們有空間自己找出路，換取不要再來向朝廷催討欠款。例如，原本不許他們擅自離開所在的城，必須請准或至少報備，現在則解除了；或是原本嚴禁他們不得和官員來往交陪，以防堵勾結干政，現在也解除了。

官吏的品級分正、從各九品，最高是正一品，其次從一品，一直到正九品、從九品，一共十八個等級。正一品一年薪俸是一千零四十四石，最低的從九品是六十石。正一品官員靠著這樣的薪俸，在大部分情況下可以過得不錯，但如果住在京師，那就有點拮据了。那麼領六十石的從九品官員，當然不可能靠朝廷的正式薪俸過日子。

09 明朝官僚體系是管理上無能的敗壞

明朝的官員必須自己想辦法，最主要是在運送、轉交錢糧上想辦法。如果說國家給的定額是一萬兩千石，那麼到了縣裡的概念，變成一萬兩千石叫「起運」，是要運出去的數量，另外多加一份「留存」，兩者加在一起才是徵收的總額。

「留存」也不是都留在縣內，還要算入府或州要留的。「起運」依照朝廷的定額，「留存」可就沒有一定了，所以表面上朝廷維持「兩千七百萬石」的固定數字，但實質上，朝廷完全不知道每年各地徵收了多少。沒有任何人、任何單位有這個數字，能夠掌握這份總量，更不可能知道並決策其增減。

明朝的國家財政沒有統一的貨幣數字、沒有財政部、沒有中央銀行、沒有預算，也沒有穩定的地方制度。最麻煩的，財政上沒有換算的彈性，表面上看一切都固定綁死了，一個地方需要分攤的定額沒得商量，一名官員能從國家領多少錢也沒得商量。可是在這樣沒有彈性的表面底下，卻有太大的空間，讓每個官員能做很多戶部管不到、工部管不到、兵部管不到、吏部管不到，即使想管也沒有工具可管的事。

例如，一個地方的攤派是繳給戶部，相鄰另一個地方的攤派繳給兵部，那麼這兩個地方相比誰繳得比較多，戶部算不出來也管不著，兵部算不出來也管不著。就算地方上自己查出來了，覺得有問題也有不公平的地方，那麼去找戶部不對，去找兵部也不對，理論上只能找皇帝，但皇帝怎麼可能管！

黃仁宇的研究顯示出明朝財政「數字上無法管理」的嚴重狀況。又如，一個府底下有六個縣，依照職權要決定六個縣的各自稅收數額，但這個府做不來這件基本的事，因為甚至沒有一個總額統計，可以明確地比較這個縣和那個縣的生產量哪邊高一點、又高出多少。

黃仁宇要點出的，是明朝這套官僚系統的敗壞，而且不是道德上的敗壞，那只是反映了當時過剩的道德意識與道德修辭，毋寧是管理上無能的敗壞。過去很多人批評儒家在政治上的家戶長心態，認為阻礙了民主的發展，然而明朝的問題比這個更根本。和之前的宋朝相比，明朝的官員就算想當好家長，都缺乏可以貫徹愛民、護民用心的條件。

明朝的官僚體系中，其內在的管控考核機制完全消失了。數字上無法管理不只影響財政，還連鎖、蔓延到所有的面向。到底這兩人的表現誰比較好？到底誰做的事情比較多？所有這些標準，都在數字無法管理的情況下變得愈來愈主觀，也就愈來愈模糊。於是整個文官系統的個性，也就必然傾向於「看人挑擔不吃力」。大家最有本事做的，就是去批評做事的人。

對於提出批評他們很會，有現成、學了很久的道德修辭方便運用；相對地，如果真的要去挑擔，他們可就沒有能力、沒有訓練、沒有準備了。進入這個系統，再聰明、再能幹的人，在數字上無法管理的情況下，找不到方法可以有效執行工作，只能將精力與挫折發洩在道德修辭上。道德修辭不只壓過了一切，而且成為官僚系統中的一份執迷（obsession）。一切都被歸入道德，只有無所不在的道德修辭是真實的；然而一旦道德修辭被抬得那麼高，國家管理的領域中也就沒有任何真實的了。

10 黃冊、魚鱗冊鞏固的里甲底層是明朝根本

黃仁宇明確地揭露了明朝的這些內在問題，不過沿著他的歷史研究成果，我們必須進一步問：如果真是如此糟糕，明朝怎麼還能存在兩百七十六年？也就是說，將明朝滅亡的問題以不同的方式端到檯面上，顯然我們需要的解釋，不再能滿足於羅列出崇禎朝發生了哪些事，或是關於崇禎皇帝和他周圍臣子的行為分析，而不得不考慮：明朝怎麼能撐到讓崇禎皇帝及他的朝廷犯下這些錯誤？

如此發問，答案還是要回到朱元璋身上來尋找。朱元璋有他的執迷，那不是道德的，而是權力的。他的執迷是絕對不允許這個國家有任何可能威脅皇權的因素，不允許可能威脅朝廷統治的中間勢力崛起。

因而他念茲在茲、孜孜矻矻，設計了黃冊、[9]魚鱗冊防範出現大地主，黃冊不只是中國戶籍制度的大突破，甚至成為東亞傳統中重視戶籍管理的起源。這點的確必須佩服朱元璋，他敢於如此想，並以其毅力落實在當時的條件下極難完成的計畫。從民間而來的立場，使得他格外敏感、也格外反感於土地大戶。土地大戶的關鍵不在擁有多少土地，而在擁有多少人民，國家找不到這些人民，就徵收不到他們的稅。控制了人民，地主一旦坐大就會與朝廷為敵。

為了確保朝廷可以監控這些大戶的成長與威脅，明朝的制度規定每十年要做一次人口普查，稱為「大造」，黃冊與戶籍要不斷更新。這套做法使得明朝的土地兼併沒那麼嚴重，尤其是大戶收奪人民、隱匿人民的情況得到有效抑止。

上層的制度雖混亂，然而底層的里甲徵稅機制帶有高度自動運作的性質，基本上沒有動搖。里甲建立在黃冊、普查的基礎上，大部分的人都包納在這裡面。里甲分配到的數量可能是不合理的——在同等的生產條件下，一個縣可能必須付出鄰縣三倍的稅賦——但相對地，所有人都在里甲系統中承擔稅賦，逃不掉、避不開。而且家中稍有貲富的，就被派任為輪流的里長，常常要拿出自己的儲備來完糧完稅，帶來更強烈的公平感受。

明朝政權的根本在於底層的這套控制系統，它很簡單、很明確，所以一直沒有出過嚴重問題。底層穩住了，上層或中間的拖沓敗壞，皇帝和京城的官員鬧彆扭、鬧罷工，北京官員笨到集體被一個不知來源的謠言騙得團團轉，地方官員每天計算「留存」，把錢弄進自己的口袋，還有東林黨人不斷升高的道德批判……，這麼多光怪陸離的狀況，但只要底層的里甲制還在，藉著這個系統保障每年「兩千七百萬石」的名目收入，明朝就不會垮掉、不會滅亡。

9 《明史．職官志四》云：「凡賦役，歲會實徵，十年造黃冊，以丁產為差。」黃冊就是人民的戶籍資料，冊中詳細登錄鄉貫、姓名、年齡、丁口、田宅、資產等，因封面用黃紙而得名，於明太祖洪武十四年開始執行。

從這個角度看，明末歷史的大題目：「明朝亡於流寇，還是亡於滿清？」就有了比較清楚的答案。不是說滿清不重要，而是相較於滿清，流寇動搖了明朝長期的命脈，瓦解了底層的組織。外來的力量縱使擁有強大的武力，但如果沒有流寇，很難想像能夠使明朝傾覆。

在滿洲崛起之前，明朝經歷了多少自我破壞，從皇帝到知縣，如此敗壞下，都沒有威脅到明朝的存亡。但流寇不一樣。流寇一方面源起於里甲制的崩潰，另一方面其所到之處更瓦解了各地的里甲基礎。明末流寇肆虐之前，相較於其他朝代，明朝的地方武裝紛亂要少得多，也就是大部分農業區域是平和的。朱元璋在這方面有很大的貢獻，但這樣的基礎在中、上層問題的反覆折磨下，畢竟會有支撐不住的一天。底層敗破了，才給予滿洲人進入中原，短時間橫掃、占領中原的機會。

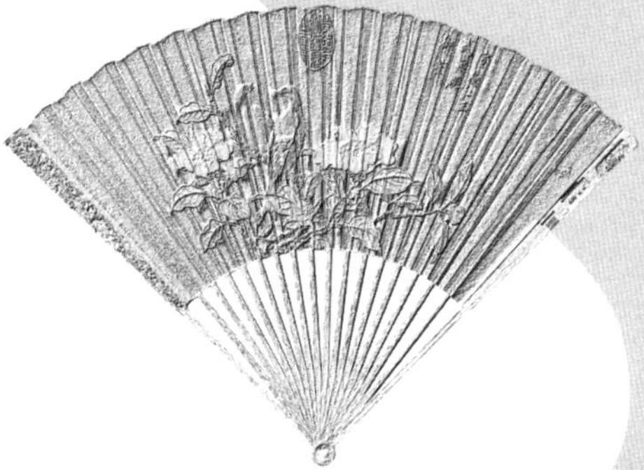

第八講

新女真勢力的崛起

01「驅除韃虜」的口號發明自日本？

滿清的歷史在當前情境中有特殊地位，因為很多影視上改編，兩岸三地都流行過「辮子戲」。光看會有「辮子戲」這個流行語，就知道改編這段歷史的熱度了。

而且「辮子戲」中所取材、表現的，經常不是那時社會上的一般人，而是宮廷裡的皇帝、皇子和圍繞在他們周圍的人，也就是會出現在史籍記錄上的歷史人物。於是講到順治皇帝，很多人理所當然就想起董小宛；講到康熙朝，很多人對他的各個兒子瞭若指掌，感到極度親切。

如此形成了看待滿清歷史的固定角度，要進行重新認識與理解就變得很困難。

容我舉一個比較極端的例子來彰顯這個問題。應該沒有人沒聽過這一個口號：「驅除韃虜，恢復中華」。這口號從哪裡來的？一般歷史說法，這是孫中山建立「興中會」時訂定的宗旨，因而寫入了晚清的革命史中，也寫在民國史裡。但仔細檢驗史料，可以找到比興中會更早一點的材料，那是出現在中日甲午戰爭的旅順之役中，日軍發送給當地中國住民的傳單上。

平心而論，依照史料，「驅除韃虜，恢復中華」這八個字很可能是日本人發明寫下的。從後來整理形成的革命史中我們無法看到這一點，而這點又牽涉到複雜且重要的歷史連環因果。

會發明並發送這樣的口號，因為當時日本人進軍遼東、登陸東北，除了戰略之外，設定的主要政略就是要挑撥滿漢。對著漢人說「驅除韃虜，恢復中華」，表示在反對滿人態度上，日本人和漢人是一致的，意圖藉此爭取漢人的支持，至少降低漢人的敵意。

日本人的政略是出於對當時中國情勢的調查與理解。對於甲午戰爭，我們今天的認識是兩國之間的武裝衝突，日本打勝了，中國戰敗了。但藉由「驅除韃虜，恢復中華」口號的線索，應該看到的是：第一，當時的中國不是一個統一團結的現代民族國家，其內部的滿漢問題很嚴重；第二，中國人對日本也不是一致的敵對、仇視態度，還夾雜著從好奇到敬畏等等新的情緒。

如此才能解釋甲午戰爭之後產生的現象。中國不只是戰敗國，還被迫割地賠款，在實質和心理上受到雙重羞辱。從常識推想，對於洋洋得意的戰勝國日本，中國人應該充滿最強烈的怨恨與敵意吧！然而歷史上的事實是，甲午戰爭結束後，中國掀起了一片「日本熱」。相應地，日本國會在戰後通過的第一個重要議案，就是大力資助中國留學生到日本。

為什麼會這樣？從孫中山成立興中會時套用「驅除韃虜，恢復中華」的口號看得出來，那是源自於滿漢的緊張關係。日本對很多中國人來說，取得了一層重大意義——強大到可以打敗滿清朝廷，又願意和中國人親善、願意幫助漢人的一個鄰國。

這不是日本人一廂情願在戰後要調整和中國的關係，中國自身亦有非常積極的反應。甲午戰爭之後，馬上就有大批留學生去到日本。一八九八年「戊戌政變」之後，梁啟超也是選擇逃到日本。梁啟超從來沒學過日文，但是靠著辨識漢字，他不只能閱讀日本的報刊，甚至還在短時間內從日文報刊上大量吸收西方知識，再用中文轉介給中國讀者，爆發出驚人的影響力。

02 鼓勵不認同「清國」的人一起強化亞洲

這是一個什麼樣的中國？經歷了戰爭，可是對於戰爭中的敵人，在戰後非但沒有強烈的敵視與復仇意志，竟然還將對方視為老師，產生了比戰前更緊密的關係？

針對這個歷史現象的一種解釋，是甲午戰爭帶給了中國社會——尤其是中國知識分子——巨大的衝擊。之前西方帝國主義勢力東來，中國陸續敗於英國、敗於英法聯軍，感受到在「船堅炮利」上遠遠不如人，但現在竟然不是敗在西方列強之手，而是明顯打不過長期被視為中國屬國的日本。這種「衝擊論」有其事實根基，不過仍不足以說明為什麼中國會出現「日本熱」。

這波「日本熱」和日本所採取的政略有關，他們刻意宣揚將中國人民和滿清政府區隔開來。他們的戰爭對象是滿清政府，不是中國人民，甚至擺出日本和滿清政府開戰，能夠得到實質上「驅除韃虜」的效果。

這樣的態度不單純只是戰爭上的心理宣傳工具，而是源自當時日本真切的危機感。日本也受到西方帝國主義的侵逼與羞辱，激發了「圖強」的衝動，而在「圖強」過程中，他們意識到自己是個小國，若要對抗西方，最好能聯手中國。然而當時的中國非但無能和日本合力對抗西方列強，反倒因為其病弱問題，讓西方列強予取予求，會拖累、危害到「圖強」中的日本。所以日本真的有迫切的動機希望看到中國改革強大，希望有一個可以和日本親善合作以對抗西方的中國政府。

日本上上下下此時已經有了「當前滿清政府不足恃」的共識，因而在甲午戰爭時區隔漢人與滿清，戰後則積極扶持中國內部改革或革命的力量。不論是改革派的梁啟超或革命派的孫中山，都在日本得到了贊助資源。

雖然在後來的歷史記載中，福澤諭吉提出的「脫亞入歐論」被特別強調，然而當時日本的主流態度，其實是期待中國翻新，和中國聯合起來對抗西方。不過，經歷了西方列國制度的洗禮後，日本也格外提防中國的「天下觀」可能帶來的種種威脅。

這清楚反映在《馬關條約》談判時，伊藤博文對於中、日文條文用字非常堅持的一點：伊藤博文代表的日方拒絕在日文條約上出現「中國」之名。這裡有兩個微妙卻重要的原因。

第一，日本人認為「中國」不是一個國家的名稱，而是一種自我中心的意識與心態。第二，更重要的，日本人要用「清」或「清國」來稱呼和他們簽訂條約的這個對象。這也是要將漢人與這個戰敗政權區分開來策略中的一環，特別強調被打敗的、簽約的對象是「清國」。

我們認為日本人最辱華的語詞是「清國奴」，不過這個詞在日文中原始的意義，並不是指所有的中國人。構成侮辱的，是將你視為「清國」的奴僕，不知道要反抗「清國」。對於像孫中山這種擺明了反對「清國」、主張革命的人，日本人絕對不會認為他們是「清國奴」。

「清國奴」的稱呼源自對「清國」的輕蔑，這份故意外顯的輕蔑，部分的用意是要刺激並鼓勵不認同「清國」的人一起強化亞洲，形成足以對抗西方的力量。

03 為何是朝鮮問題釀成中、日衝突？

即使我們自認很熟悉的甲午戰爭、《馬關條約》，其實都沒那麼簡單，還牽涉到複雜的種族觀念。甲午戰爭的爭議點起自韓國（當時為朝鮮王朝）。今天的韓國就是另一個國家，然而甲午戰爭的導火線，在於朝鮮長期以來是中國的屬國，而日本要強迫朝鮮脫離中國。

日本在明治維新之後掀起了「征韓論」，先是援用西方帝國主義欺壓日本的方式，拿來對付、欺壓韓國，接著更進一步升高為要用武力征伐、占領韓國。這仍是延續日本對於亞洲如何對抗西方的思考而來的，必須在亞洲建立夠強大的勢力，才能夠不被西方壓倒，才能夠和西方列強平起平坐。這是日本明治維新時期念茲在茲的國家目標。

這個時候日本還無法狂妄地期待可以控制整個中國，但他們已有足夠的實力對付韓國。這中間又牽涉到日本內部的權力鬥爭，「征韓」最有機會快速建立對外擴張的武力，彌補從倒幕到天皇親政的過程中，許多強藩華族在勢力上的損失。

「征韓論」及相關的意見衝突，導致西鄉隆盛從明治政府下野，後來又發動了「西南戰爭」，這是明治時期最後一場內戰。二十年後，為了紓解日本內閣與國會間的僵局，「征韓論」再起，結果引發了甲午戰爭。

然而荒謬的是，清廷從頭到尾都沒有弄懂日本人在想什麼，以及日本人如何看待韓國。就連在第一線上處理這件事的袁世凱，都不關心日方的理由與態度，更不要說在北京的太后、皇帝和京官們了。怎麼會在沒有弄清楚日本人想法與企圖的情況下，就投入這場戰爭呢？

從清廷的角度，他們看到的、他們在意的，是朝鮮與滿洲如此接近。在他們心中沒有朝鮮是另一個國家的觀念，朝鮮最重要的意義是在滿洲後方，介於滿洲和日本之間。這項根深柢固的認知，使得清朝必須堅定抗拒日本的武裝勢力進入朝鮮，如此才升高了由「東學農民革命」[10]所引發的中、日雙方衝突。

滿洲崛起過程中極其重要的「建州左衛」，就在今天韓國境內。滿洲人在明朝自稱「後金」，在他們的歷史意識中，將曾經和宋朝分庭抗禮的金朝認作祖先，卻也因此在他們的現實意識中，長期存在著金朝遺留下的陰影。

有鑑於金朝滅亡的教訓，「後金」壯大之後，建立了明確的原則，成為清朝的祖訓，要求：第一，起家的滿洲絕對不能被漢人奪走，那是滿洲人的退路，如果進入中原後統治不順利，還可以退回滿洲。第二，相應地，留守滿洲的官員、將領都必須是女真人，要給予他們最好的待遇。

10 「東學黨」在一八六〇年由崔濟愚創立，意喻與「西學」相抗衡，原為宗教組織，後以「懲治貪官汙吏」、「斥倭斥洋」為口號。一八九四年，東學黨南接派領袖全琫準在全羅道號召起事，各地起義頻傳，朝鮮政府向清廷請求援兵鎮壓，日本也藉機以保護僑民為由增兵朝鮮，遂引發衝突。

第三，任何可能危害家鄉基地的因素，一定要嚴肅以對，不可輕忽，並且盡力排除。

在這個背景中，我們才能理解，為什麼不是中國與日本的直接衝突，而是朝鮮問題釀成了甲午戰爭的禍根，讓清廷不得不訴諸戰爭手段來處理。清廷不能容許日本經由朝鮮，威脅到他們崛起並賴以為退路的這塊區域。

04 滿清歷史的情緒性改寫、選擇性扭曲

看待清朝歷史要有特別小心的態度，要自覺地意識到今天流傳的許多說法，甚至許多運用的資料，都是經過情緒性的改寫、改造。牽涉其中的情緒，和「驅除韃虜，恢復中華」有密切關係。進入二十世紀掀起的革命浪潮，革命的理由很快就訴諸於無法繼續接受外族統治，革命的過程也積極地將滿清政權與滿洲人解除其合法性。說得更直接明白些，就是積極地醜化滿洲人。

醜化的過程必然牽涉到歷史，不必然因而捏造歷史，而是抱持著純然負面的心態去看歷史，對於歷史中該被凸顯什麼，會有特定的選擇傾向。例如在這種心態中就很難注意到、遑論凸顯：和明朝的皇帝相比，清朝的皇帝多麼勤勞、多麼自制。

在這種心態中會格外凸顯的，是清朝皇位繼承中的種種鬥爭和紛爭，甚至拿來作為戲劇的賣點，強調其不堪的宮廷內幕。相對地，就缺少了對於女真人親族系統的理解，以及對於新建王朝在統治過程中必須應對的客觀因素的認知。

離開這種心態，持平而論，清朝的皇帝，特別是前期的幾任皇帝，他們的統治中有很多正面的、值得肯定的作為，尤其和之前的明朝相比。然而處於要質疑、進而取消滿清統治合法性的情況下，這些就都被掩蓋了。

為了強調清朝的無能、腐敗，太平天國被刻意地抬了出來。然而從任何標準衡量，太平天國都是一個可怕的政權，滿清朝廷即使在最糟糕的時候，都還是比太平天國來得人文並合理吧！太平天國以神權蠱惑農民，甚至裹脅農民而成其政權，但是當要醜化滿清時，太平天國的這一面同樣也被掩蓋了。

從滿清朝廷應該被推翻的先入為主認定，滿洲人、滿清政權在歷史根源上就是壞的，當然也就在歷史中找出他們所有值得被譴責的事跡，將這些組合起來，變成滿清的歷史。

不過，滿清的歷史真的不只有這些負面的故事。我們要理解這段歷史，尤其要認真追究清朝和現代中國之間的關係，就必須在這些流行的說法之外去尋找、去建構。

從清朝到民國，對於滿清歷史有過一段選擇性的扭曲。然而還不只如此，滿清的前段，即從明朝到清朝，歷史記錄有來自其他考量的另一段選擇性扭曲。而進行扭曲改造的，是清朝的建造者本身。

和後段的扭曲形成類似鏡像的對照，前期為了建立推翻明朝的合法性，滿洲人將原本和明朝親和的記錄予以改寫，讓歷史看起來好像他們從一開始就是和明朝對立的，最後終於以正壓邪，取代了腐朽的明朝。

對於滿清如何從原本的建州左衛崛起而成為那麼大的勢力，孟森先生曾經做過許多細膩的考證。他的基本態度便是不能照單全收滿洲人對於入關之前來歷的說法。最簡單也最重要的工夫，是仔細查考、比對清人自己留下來的《實錄》和同時代明朝廷的《實錄》，以及最關鍵卻也往往被忽略的——朝鮮所留下的另一份《實錄》。

朝鮮的《實錄》中包括許多和「後金」崛起有關的材料，提醒了我們，由於地理位置的關係，這段歷史不只是中國史，而是和整個東北亞的變化聯繫起來的。用中國史的概念，守著中國史的範圍疆界，會錯失很多重要的史實。

05 建州女真、海西女真、野人女真

關於清朝的崛起，可以從天聰十年（一六三六年）說起。這一年，清太宗皇太極建立了一個

年號，叫「崇德」。依照以前歷史的說法，皇太極前後有過兩個年號——「天聰」和「崇德」，而這一年就是改元之年，從「天聰」改成了「崇德」。

然而稍微細看史料，就發現其實不是這樣。皇太極在一六二六年登基，稱為「天聰皇帝」，他的父親努爾哈赤是「天命皇帝」，「天命」、「天聰」都是尊號，而不是年號。當了十年「天聰皇帝」之後，皇太極才建立年號，也就是原本並沒有「天聰十年」這種說法，是後來補上去的。回到歷史現場，「崇德」才是第一個年號，「崇德元年」是滿清有年號的第一年。

這件事重要嗎？非常重要。因為牽涉到究竟在什麼時候，滿清決定要取得和明朝平起平坐的地位。當皇太極自稱「天聰皇帝」時，顯示的是在自己領土範圍內的統治權，然而十年後建元，那就是刻意套用中國王朝的制度，表明自己建立了一個新的王朝，所以同時建國號為「清」。

當「天聰皇帝」時，皇太極統領的仍然是「後金」；但自從定國號之後，他發表禁令，不准轄下的人再用「金」、「女真」或其他舊名。努爾哈赤從建州左衛建立起的這股勢力，的確和原本的女真人有著密切的種族、血緣、文化連結關係。從中國歷史的角度看，金朝被蒙古南下所滅亡，然後蒙古又進一步攻滅南宋，建立了元朝。不過換從女真歷史的角度看，金朝從中國北方退卻後，退回了原先的發源地，也就是東北到朝鮮北方這一帶。

金人統治中國北方一百一十年，在過程中他們快速漢化，漢化的程度比之前的遼朝更深。他們的崛起是因為能夠融合、掌握游牧的軍事行動力與農業的生產力；而在蒙古興起之後，金人之所以快速沒落，也是因為他們漢化太深，已經失去原本作為中介王朝的優勢。

於是他們當然帶著已經烙印在身上的漢化結果從中原離開，不可能一離開中原就徹底擺脫、遺忘漢化的影響。元朝之後，在松花江一帶設立了五個「萬戶府」，以統領世居東北、較未開化的女真族。到了元末明初，其中的「斡朵憐」、「胡里改」兩個萬戶府因受更外圍的「野人女真」襲擊而南遷，是為「建州女真」的前身。

明成祖永樂元年，「胡里改」部首領阿哈出入朝，朝廷將「胡里改」部改設為「建州衛」，由阿哈出擔任建州衛指揮使。「斡朵憐」（又稱「斡朵里」）部的首領猛哥帖木兒原附於建州衛，明廷於永樂十年另置「建州左衛」，由猛哥帖木兒擔任指揮使，至此建州衛一分為二。到英宗正統七年，猛哥帖木兒的弟弟凡察和兒子董山相爭，於是又從建州左衛分出「建州右衛」。

明成祖為了征伐蒙古，積極招撫女真各部，作為側翼牽制，便在東北地區廣設衛所，當時已經有一百一十五個衛所。這意味著從中原退出之後一個多世紀，女真人和漢人又有了密切的連結，制度性地進入了明朝的系統中，名義上成為明朝的守衛，替明朝監視、防範蒙古。

明朝又將女真按地域分為三大部：建州女真、海西女真和野人女真。[11] 建州女真位置最南，其西北邊接臨海西女真（松花江大曲折處稱「海西」），北邊則是野人女真（又稱「東海女真」）的居住地。

野人女真居北，氣候與生產條件最差，經常會有南下的衝動，進逼海西女真和建州女真，使得他們連帶地逐步往南遷徙。他們再往南，就進入漢人的區域，於是連帶地與漢人之間也產生許多的摩擦衝突。

其中建州三衛的情況尤其嚴重，正因為他們和漢人的生產方式、生活習慣是最接近的。依照清人的史料，明朝的漢人會越界來偷盜，這就表示建州女真有穩定發達的農業生產。建州女真和明朝的衝突進而影響到海西女真，他們得到了在建州女真和明朝之間緩衝的特殊地位。海西女真中有「哈達部」和「葉赫部」一南一北兩個重要的分支，轉而負責替明朝防堵建州女真。

06 從後金到滿清，民族認同的策略調整

十五世紀中葉，明朝曾經多次入討建州女真，最嚴重的成化年間進襲，甚至被稱為「成化犁庭」，幾乎造成建州女真滅族之禍。到萬曆初年，建州右衛勢力增長，進兵遼東，被當時遼東總兵李成梁擊敗，建州右衛指揮使王杲被捕後處死。王杲的兒子阿台逃回古勒城，萬曆十一年

11 《大明會典・朝貢三》「東北夷」條記載：「蓋女直（即女真）三種，居海西等處者為海西女直，居建州、毛憐等處者為建州女直。各衛所外，又有地面、有站、有寨，建官賜敕，一如三衛之制。其極東為野人女直，野人女直去中國遠甚，朝貢不常。」

（一五八三年）李成梁又發兵攻打，努爾哈赤的祖父與父親便前往古勒城，試圖勸降叛離明朝的阿台，卻在城破時為明朝軍隊所誤殺。這成為滿清建國史上的關鍵事件。

努爾哈赤出生於一五五九年（嘉靖三十八年），建州左衛的赫圖阿拉城。在早期清人的史料中，找不到任何努爾哈赤到過中國的記錄。反觀《明神宗實錄》中，卻記錄了努爾哈赤曾經在萬曆十八年到三十九年間九次到北京進貢，[12]而且萬曆十三年曾經受明朝封為正二品龍虎將軍，十七年授予建州左衛都督僉事。這中間的差異當然不可能是偶然，而是反映了清人的政治立場與態度。

建州女真是真正的「後金」，和「前金」有密切的承傳關係，他們的漢化程度很深，也是一直和明朝有密切互動的外族。然而到了努爾哈赤的兒子皇太極，他在天聰十年做了一個重要決定，應該說是重要的策略調整，他要和「前金」劃清界線，並且擺脫過去以臣屬的模式和明朝互動的習慣。

從努爾哈赤到皇太極，他們能建立功業，因為有其政治敏感度，又有足夠的野心與勇氣。皇太極重新定國號為「清」，改族名為「滿洲」，放棄「後金」、「女真」，這樣的姿態不是針對內部族人的，而是對漢人政權明朝的宣傳做法。

首先，他不要漢人用「後金」來看待自己，一直想起這些人是曾經侵占中原、又被蒙古人趕走的。漢人會用這樣的來歷看不起自己的部族。其次，他也不要讓漢人覺得他今天具備的本事，是從漢人那裡學來、甚至偷來的。正因為他明明要運用漢人的國家統治機制，在宣傳上卻要看起來是建立了自己的一套系統。皇太極不要繼續用原來的「金」的歷史架構和漢人來往。

回到努爾哈赤正式和明朝翻臉的天命三年（萬曆四十六年），他曾經公布過「七大恨」，表示因為這累積的仇怨，他決定要對明朝用兵。「七大恨」是努爾哈赤誓師出兵時的一份檄文，我們可以藉由這「七大恨」來整理建州女真和明朝間的恩怨糾結，以及努爾哈赤崛起的經過。

不過要特別提醒的是，「七大恨」的史料來歷複雜，最早的檔案是天聰四年在皇太極攻打永平（今河北盧龍）時所發的榜文中（〈金國汗攻永平誓師安民諭〉），複述了父親努爾哈赤起兵伐明的「七大恨」理由。除此之外，另有《滿文老檔》、《清太祖高皇帝實錄》、《明神宗實錄》等不同文本，但因為都是後來追述的，內容不盡相同。孟森先生考證認為，諸版本中應以皇太極的榜文最接近「七大恨」原始文本。

不過這些史料都只有漢文資料，沒有滿文。努爾哈赤建立部落地位、對抗漢人文化的一項做法，就是堅持創造、使用自己的文字。滿文是在「斡朵里」這一支中重新建立的一種表音文字。努爾哈赤強調所有的滿洲文件、記錄，都必須用滿文書寫，然後才翻譯為漢文，兩種文字間有著

12 例如《明太宗實錄》中記錄，萬曆十八年四月庚子，「建州等衛女直夷人奴兒哈赤等一百八員名進貢到京，宴賞如例。」萬曆二十年八月丁酉，「建州衛都督奴兒哈赤等奏文四道，乞升賞職銜冠服敕書，……宴賞如例。」……；萬曆二十六年十月癸酉，「宴建州等衛進貢夷人奴兒哈赤等，遣侯陳良弼待。」……；至萬曆三十九年十月戊寅，「頒給建州等衛補貢夷人奴兒哈赤等二百五十名，各賞絹疋銀鈔。」

不可改變的順序，滿文是主、是原件，漢文是從、是衍生的翻譯。

努爾哈赤之後，滿洲人有意識地將大量的中國文書翻譯為滿文，過去習慣的解釋出於漢人中心立場，視之為努爾哈赤嚮往漢文化的佐證；然而，很明顯地存在著另一個相反的動機，那就是將漢文譯為滿文，是為了擴大滿文的作用，並且預防、阻止族人對於漢文和漢文化的依賴，取得滿洲人的相對獨立性。

07 努爾哈赤決意討明的「七大恨」

在漢文的「七大恨」，也就是明白針對漢人讀者進行的宣告中，努爾哈赤首先點出了：

> 我之祖、父，未嘗損明邊一草寸土也，明無端起釁邊陲，害我祖、父，恨一也。（《清太祖高皇帝實錄．卷五》）

祖父和父親沒有侵犯明朝，卻被李成梁的明軍殺了，這是第一樁冤仇。

明雖起釁，我尚欲修好，設碑勒誓，凡滿漢人等，毋越疆圉，敢有越者，見即誅之，見而故縱，殃及縱者。詎明復渝誓言，逞兵越界，衛助葉赫，恨二也。

我的祖父、父親死後，我們都還依照你們的要求，將界線畫清楚，再次確認我們對明朝沒有任何野心，並嚴格控制邊界，避免互相侵奪而引發事端。你們一邊、我們一邊，有擅自跨越的，一定抓起來殺掉，如果有人發現越界者卻故意放縱的，要負連帶責任，規定嚴格到這種程度。然而這樣嚴守邊界應該是雙方共同的約定，明朝卻又片面違約，竟然派出部隊集體越界去幫助葉赫部，這是第二恨。

還原歷史情況，當努爾哈赤的祖父、父親被誤殺時，建州左衛沒有足夠和明朝翻臉的實力，所以他們只要求歸還屍體並給予賠償。這部分明朝答應也做到了。至於他們還要求懲罰引發這個事端的原凶，這點明朝就不同意了。

葉赫部是海西女真的其中一部。長期以來，葉赫部和建州女真為了爭奪東北的領導權而有所爭戰時，明朝幾乎都選擇偏向、支持葉赫部。

明人於清河以南、江岸以北，每歲竊踰疆場，肆其攘奪，我遵誓行誅。明負前盟，責我擅殺，拘我廣寧使臣綱古里、方吉納，挾取十人，殺之邊境，恨三也。

有漢人每年越過邊界來搶劫的，我們依照原先說好的邊境管理辦法予以逮捕、誅殺，結果明朝方面竟又說我們隨便亂殺漢人，還將派去談判的使臣十人扣押起來，後來還把他們殺了，這是第三恨。

明越境以兵助葉赫，俾我已聘之女，改適蒙古，恨四也。

葉赫部首領布揚古原本答應要將妹妹東哥嫁給努爾哈赤，後來因葉赫部和建州衛衝突不斷，未能成婚。其後，東哥多次議婚皆不成，年過三十才轉嫁蒙古喀爾喀部。明朝支持葉赫部背棄婚約盟誓，致使建州受到羞辱。這是第四恨。

接下來：

柴河、三岔、撫安三路，我累世分守疆土之眾，耕田藝穀，明不容刈獲，遣兵驅逐，恨五也。

這是什麼事？在和明朝約定的邊境之外，努爾哈赤認定是他們的傳統耕地，派了軍屯在那裡，待作物成熟，明朝竟然派兵將這些軍屯趕走，等於白費了多時的耕種努力，連帶地將農作物也搶走。這是第五恨。

08「明助天譴之葉赫」，七大恨重要訴求

第六恨又回到和葉赫部的衝突上：

邊外葉赫，獲罪於天，明乃偏信其言，特遣使臣，遺書詬詈，肆行陵侮，恨六也。

明朝偏心葉赫部，都只聽信葉赫部攻擊建州女真的說法，甚至到了派遣使臣來嚴厲譴責、辱罵努爾哈赤的地步。

當時的遼東巡撫郭光復的確派了一個低級武官蕭伯芝，前往建州「宣諭」。依照《清實錄·滿洲實錄》的記載，這位明朝派來的武官大剌剌地坐著八人抬的大轎，「作威勢強」、耀武揚威而來，說自己是皇帝派來的，要求各種接待之禮，還抬出歷史大道理教訓建州女真。

《明季北略·卷一》中也記錄，努爾哈赤恭敬接待，蕭伯芝就愈是囂張，責問為什麼今年沒有進貢。努爾哈赤仍溫馴地回覆，表示建州主要的貢品是蜂蜜，此地的蜂蜜和中原的五穀一樣，會有豐年，也會遇到歉收的時候。中原如果遇到五穀歉收，能要誰負責嗎？沒辦法，建州這五年來花開得少，當然也就生產不了那麼多蜂蜜，才沒有進貢。等來年春天花開了，蜂蜜盛產了，一

定會照往年一樣進貢。

說完之後，努爾哈赤陪著使臣並肩騎馬出來，突然改變態度，從馬上拍拍他，笑著說：「你是那個遼陽無賴蕭子玉吧！騙我說你是什麼明朝的都督？我早就看穿你是假的，竟然敢用這種方式進入我的領地。我大可以殺你，只是為了給天朝大國留點面子，就此算了。回去告訴你們的撫臺，以後別再幹這種招搖撞騙的事了。」於是蕭伯芝狼狽而歸。

《明季北略》的寫法既凸顯了努爾哈赤的精明，豈會那麼容易上這種無賴排場的當，又強調了連這種狗皮倒灶的事，努爾哈赤都為了念及明朝的尊嚴而忍下沒有發作，還在人前配合演了一段對話。

不過等到要和明朝決裂時，這個蕭無賴闖進來說些沒禮貌的話，還是要算到明朝頭上，列為第六恨。

> 昔哈達助葉赫，二次來侵，我自報之，天既授我哈達之人矣，明又黨之，挾我以還其國。已而哈達之人，數被葉赫侵掠。夫列國之相征伐也，順天心者勝而存，逆天意者敗而亡，何能使死於兵者更生，得其人者更還乎？……

葉赫部和哈達部都屬海西女真，哈達部兩次幫助葉赫部攻擊建州，建州逮住機會，滅掉了哈達部以為報復，並且收納了哈達部的人民。從努爾哈赤的角度看，是哈達部不自量力，這像是上天送給建州的禮物一樣，可是卻被明朝干預阻止，不准建州併吞哈達部。

明朝的做法莫名其妙，違背了基本的天理。天理就是順天者勝、逆天者敗亡，就連葉赫部和哈達部彼此之間也依隨這樣的原則，葉赫部強大的時候不也是數度侵略哈達部！怎麼會因為建州贏了，明朝就要違逆這項根本的天理，豈能夠硬要已經死在戰場上的人復生，已經收歸的人再還回去的？

終究的結論是：

天建大國之君，即為天下共主，何獨構怨於我國也。初扈倫諸國，合兵侵我，故天厭扈倫啟釁，惟我是眷。今明助天譴之葉赫，抗天意，倒置是非，妄為剖斷，恨七也。欺陵實甚，情所難堪，因此七恨之故，是以征之。

扈倫諸國也就是海西女真諸部，明朝沒有盡到作為「大國之君」、「天下共主」的職責，帶有偏見，特別苛待建州。長久以來欺人太甚，不能再忍耐了，直接對明朝宣戰。

09 邊防部隊也是邊境威脅的雙重角色

由這份宣言我們大致可以明瞭，對待東北這件事，明朝實在沒有什麼靈巧可觀的策略，只能在建州女真崛起過程中，以海西女真的葉赫部、哈達部予以牽制。

黃仁宇《萬曆十五年》書中提到的這一年，西元一五八七年，努爾哈赤攻打哈達部，這是他當權後重大的對外軍事行動。當時邊境官員上奏此消息，希望朝廷派兵前往攻剿，制止這樣的侵略行為，然而萬曆皇帝和當時的閣臣申時行等卻決定不予理會，後來還刻意安撫拉攏。

和「七大恨」中表達的很不一樣，事實是努爾哈赤勢力坐大，明朝並沒有積極阻止。大部分時候，明朝採取的是安撫的做法，只是不讓他越過海西女真的牽制。等到努爾哈赤統一建州、擴張到滅掉哈達部，明朝才比較認真地要對付他。不過為時已晚，過程中努爾哈赤已經洞悉明朝的虛實，也充分理解、掌握自身在明朝眼中的雙重角色。

建州女真不單純是明朝邊境上的威脅。在明朝正式制度中，他們是「衛所」，是朝廷賴以防範外族侵略的力量，也就是明朝邊防部隊的一部分。他們自身就是明朝對外武力的一分子，怎麼可能不了解明朝軍事勢力的虛實？

事實上他們和明朝一向關係密切，長期得到明朝幫助，也受到漢人文化深刻影響。但在關鍵節骨眼上，努爾哈赤卻必須擺出和明朝劃清界線的決然姿態，一部分原因來自他要建立起一支和原先替明朝防衛很不一樣的軍隊，與漢人的軍事組織截然區劃開來。

他建立了一支純女真的部隊，那就是「八旗軍」。最早是由四種顏色（黃白紅藍）代表的軍事組織，軍事行動中以四為單位進行布局，後來又倍增為八個分支。[13]「八旗」每一旗下分配特定的姓族部落，由旗主「和碩貝勒」來主持。領有「八旗」的和碩貝勒，同時也就理所當然進入權力的核心。

由軍而政，「八旗」既是一種族姓集體領導團體，也是在戰場上分合縱橫運用的單位連結。努爾哈赤成功地運用了這套政軍制度，讓滿清的力量得以快速壯大。不過這樣的集體領導制到了清太宗皇太極的時候，有了很大的改變。

皇太極這個名字，其實就是「皇太子」。依照《清太宗文皇帝實錄》的說法，這是個巧合，他原本女真名字的發音是「皇太極」，而進入中國之後，發現原來這個音在漢文裡是「皇太子」的意思，也就是儲君，天意決定了他應該繼承大位。

13 《清史稿．兵志一》云：「太祖以遺甲十三副起，歸附日眾，設四旗，曰正黃、正白、正紅、正藍，復增四旗，曰鑲黃、鑲白、鑲紅、鑲藍，統滿洲、蒙古、漢軍之眾，八旗之制自此始。每旗三百人為一牛錄，以牛錄額真領之。五牛錄，領以札蘭額真。五札蘭，領以固山額真。每固山設左右梅勒額真。……天聰九年，以所獲察哈爾部眾及喀喇沁壯丁分為蒙古八旗，制與滿洲八旗同。……崇德七年，設漢軍八旗，制與滿洲同。」

不過根據孟森的考證，認為「皇太極」本來就是取自中文「皇太子」的稱呼。那正是女真人漢化受到的影響，有權力的人家習慣將最重要的兒子依隨漢人說法，命名為由「皇太子」一音之轉而來的「皇太極」。等到要攻打明朝，滿清要建立自身認同時，就轉而採取了撇清之前和明朝親近、親善的態度，於是新創了奇怪的「偶然說」。

「皇太極」源自漢語「皇太子」，不過這個名字在女真語的使用上，並不具備權力或財產繼承的特殊意義。皇太極的地位並非來自他是皇太子（努爾哈赤只立過長子褚英為太子，後被廢），而是他得到努爾哈赤特別的信任。

後來努爾哈赤突然去世，需要有人立即接下領軍對抗明朝的任務，在原本集體領導的架構中，皇太極成為首選。他繼承了父親的汗位和權力，而原先的部落集體領導制，日後也轉為皇子競爭、由皇帝在皇子中選任的方式。這樣的變化當然有助於穩定政權，凝聚滿清當時急需的集中領導，不會在集體領導中產生散亂。

努爾哈赤宣告「七大恨」，公開與明朝決裂，除了因為他明白明朝的實力變化外，還因為他往西北、往東南都進行了重要布局。解決海西諸部對他的威脅，是往西北的主要布局；至於往東南，則先占領了今天的朝鮮北部。對於本來應該擔負為明朝防堵蒙古的職責，努爾哈赤轉而選擇和蒙古和親，並且提升為軍事聯盟。到努爾哈赤去世前，滿洲的勢力條件完熟，足以和明朝一戰，有把握可以排除明朝對於後金統一女真的阻礙。

然而無論是努爾哈赤或皇太極，原本並沒有入關的野心，遑論要占領中國。明朝由於邊防措施的失誤，使得滿清勢力崛起，不過真正讓明朝萬劫不復的，不是任何一支外來勢力，而是前面提到的體系基礎的敗壞。明朝亡於流寇，因為流寇才使得社會的根柢傾頹瓦解。

不過，如果滿清真是如他們後來撇清的那樣和明朝疏遠，純粹是自東北重新建立起來的異族勢力，那麼他們不太可能會在流寇滅亡明朝的當口，就立即進入中國，接收政治和社會上的領導權。他們入關後的許多措施與做法，絕對不是在和中國疏離陌生的情況下能夠想得出來、能夠設計並執行的。

第九講

諸寇橫行的時代

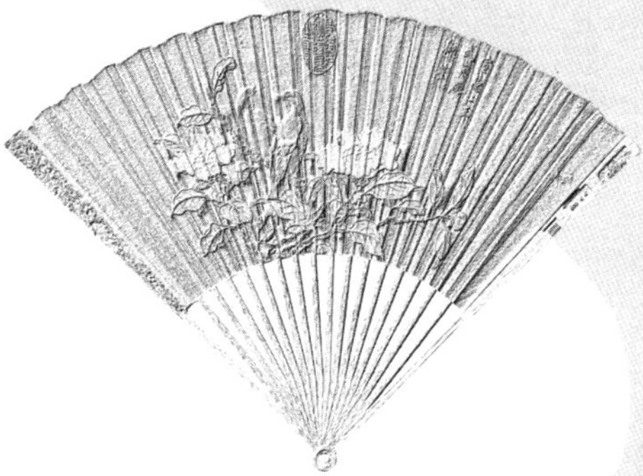

01 貴妃和太子的衝突疑雲：「梃擊案」

真正使得明朝滅亡的流寇，是一個大型的社會現象。流寇規模很大，動輒二十萬人，流竄的範圍很廣，從陝西到山西，再往河南。要特別提醒的，這是集體群眾，要從社會集體行為的角度來看待、理解，希望不要再陷入以前讀歷史的窠臼，只關注高迎祥、張獻忠或李自成等幾個個人的行為與故事。

如此龐大的社會現象，不是依照一、兩個個人的性格與意志而移轉變化的，將歷史人物抬得太高、放得太大，往往會讓我們看不清歷史中其他力量的真切作用。

不過換另一個角度看，要理解流寇，又不能不在意一些人事上的因素，但也不在高迎祥、張獻忠、李自成那邊，而是在明朝宮廷這邊。這些影響政治運作的人事變化，刺激了連環作用，牽動了社會結構。明朝的統治在這段時期產生了關鍵性的動搖，使得兩百年來維持王朝經濟與財政穩定的基礎在餘震作用中瓦解了。

傳統歷史上有所謂「明末三大案」，分別是「梃擊案」、「紅丸案」和「移宮案」。三大案都有其核心事件，不過更重要、影響更大的，是這幾件事在當時如何被處理，又如何被解釋。

「梃擊案」發生在萬曆四十三年（一六一五年），有一個莫名其妙的男子，拿著一根棗木的大木棍（「梃」），闖入太子所居的慈慶宮，打傷了守門的內侍，然後一直走到前殿簷下才被擋住逮捕。

這是嚴重的侵犯宮禁事件，尤其牽動了整個萬曆朝宮中最敏感的神經。因為牽涉到太子朱常洛，而這麼多年來，宮中上上下下，甚至朝廷裡裡外外，大家都知道萬曆皇帝不想立這個皇太子，是在外朝干預之下，才不得不在常洛二十歲時（萬曆二十九年）冊立為太子。此後雖有傳聞皇帝想要換太子，但終究一直保留常洛的地位，沒有換成鄭貴妃所生的常洵。

犯下「梃擊案」的人叫做張差，被捕後先由負責巡視皇城的御史劉廷元問訊。他問過後報告說：看這個人的舉止應該是個瘋子，但又好像另有企圖，建議「請下法司嚴訊」（《明史．王之寀傳》）。

也就是劉廷元表示他無法確切判斷。如果這人真是瘋癲的，那還容易處理，是單純的犯禁事件，但如果另有企圖的話，那就必須問出這企圖究竟是什麼，還有必須弄清楚是否牽涉他人，有沒有人共謀、有沒有人指使。

劉廷元的調查呈報上去，還沒有「請下法司嚴訊」前，大臣們就紛紛有各種奏章上呈到皇帝那裡。此時萬曆皇帝已經二十多年不見朝臣，對於大臣們的奏章仍舊相應不理。但皇帝愈不處理，整件事就愈滾愈大，招惹愈來愈多的注意，到後來成為「刑部會十三司司官」詰詢的大場面。

各方面有關單位都到齊了，其中刑部員外郎陸夢龍表現得最積極，鍥而不捨地追問，讓他問出了結果。張差明白招認：第一，他入宮是有內侍導引，不然怎麼進得去，又怎能走到太子的宮殿？第二，指引他的內侍是龐保和劉成，這兩人都是鄭貴妃宮裡的宦官。

問到這樣的結果，就只差沒有直指「梃擊案」背後的主使者就是鄭貴妃而已！此事非同小可，讓皇帝不能不理了。萬曆皇帝為此特別要大學士方從哲、吳道南帶領一批文武大臣入見，一同在的還有太子。皇帝刻意拉著太子的手，對大臣們說：「此兒極孝，朕極愛惜。自襁褓養成丈夫，使朕有別意，何不早更置？」（《明史．王之寀傳》）這兒子很孝順，我很愛他，我將他養大成人，如果討厭他，有別的想法，為什麼還讓他當太子當那麼久，沒有早將他換掉？

接著又叫內侍引三位皇孫上來，皇帝看著孫子說：「太子生的孩子也都那麼大了，我還可能對太子繼位一事有什麼意見嗎？」然後轉頭問太子有什麼看法，要他坦白對大臣們說。

太子當然有所準備，就抱怨說：「我父子何等親愛，而外廷議論紛如，爾等為吾君之臣，使我為不孝之子。」（《明史．王之寀傳》）我們父子之間根本沒有問題，是你們這些大臣經常說東道西，使我成為不孝的兒子。皇帝最後表示，那名犯禁的人既然是個瘋子，就趕緊照瘋子犯禁的事實解決吧！

萬曆皇帝二十五年來第一次召見大臣，當然必須遵照皇帝的意見處理，於是法司快速將張差棄市，另外在宮中不公開地將龐保和劉成殺了。因為事件發展成鄭貴妃和太子之間的衝突，皇帝自己出面阻止了進一步的發展，如此讓「梃擊案」落幕。

02 輟學太子的短暫皇帝路：「紅丸案」

萬曆皇帝二十五年不見朝臣，因為「梃擊案」而破例，朝臣同意低調解決「梃擊案」，不過提出了相當於交換條件的要求，請皇帝恢復讓皇太子上課。常洛十三歲時，皇帝才讓他以皇長子身分出閣講學，但只要遇隆冬盛暑「時有輟講」（《明神宗實錄》），萬曆三十二年以後更是「一輟至今遂成曠典」。算算，這位皇太子已經輟學十二年了！

當年張居正之所以得到那麼大的權力，便是以皇太子和皇帝老師的身分，與皇帝建立了密切關係，也扮演了皇帝和朝臣間溝通的主要角色。皇太子的老師在朝政上很重要，但萬曆皇帝顯然不願意有任何朝臣和他的兒子產生這種聯繫關係，作為他向朝臣抗議、罷工態度的一環。

因為「梃擊案」，皇帝同意恢復皇太子的經筵講學，恢復了多久呢？「僅開講一次，於是復輟。」（《明神宗實錄》）唉，總共只有一次，然後就又沒了。從這件事我們看到，萬曆皇帝對朝政的罷工不只影響到他當皇帝的這一朝，連帶地使得常洛這位皇太子，以及此時也快成年的皇太孫，都沒能接受良好、完整的教育。[14] 不只在執行皇帝權力方面沒有準備，連在成熟人格與常識方面都並未具備。

對於常洛的人格與知識，歷史上沒有留下太多的記錄，因為他八月即位，九月就去世了，在位只有短短一個月。然而萬曆皇帝的皇太孫，即後來的明熹宗就不一樣了，有很多記錄顯現他的種種問題。

常洛在一六二〇年八月即位，立即遭遇萬曆皇帝留下來的大問題——如何處理鄭皇貴妃？萬曆皇帝死前，仍然和朝臣們爭執要冊立鄭貴妃為皇后的事，他心知活著沒剩多少時刻，著眼的是等鄭貴妃死後，可以和他一起葬在陵寢中。內閣首輔方從哲要禮部去研究，已經和這位罷工的皇帝對立很久的禮部其實並不贊同，還未舉行冊立禮，萬曆皇帝就已經去世了。

常洛（即明光宗）即位沒多久就患病，吃了一份由內侍崔文升進送的藥後，竟然開始拉肚子，好幾天止不住。此事很快傳出去，又引發外面滿城風雨，言之鑿鑿說這份藥是鄭貴妃要崔文升送去的。

依照萬曆皇帝的遺詔，鄭貴妃應該升任皇太后，新皇帝卻因為內閣反對而不作處理，又使得這件疑案有了動機。光宗的身體一直衰弱下去，此時鴻臚寺丞李可灼呈送紅丸仙丹，因為他和御醫關係很好，透過御醫讓皇帝知曉了有這顆紅丸。皇帝自己決定服用，但之後不到一天時間，便傳出光宗駕崩的消息。

這就是第二樁大案「紅丸案」。

03 朝臣嚴批李選侍占乾清宮：「移宮案」

皇帝駕崩，剛開始並沒有將死因和「紅丸」聯繫在一起。首輔方從哲知道有紅丸，原本的態度是反對皇帝服用的，但他認為李可灼是出於忠心關切而呈送紅丸，所以還擬旨要賞賜李可灼。然而御史王安舜有相反的意見，認為比對當時御醫把脈的診斷，皇帝應該是被紅丸害死的，必須追究李可灼的罪責。

於是朝臣分為兩派，一派支持李可灼和方從哲，認為李可灼忠心可憫；另一派則咬定紅丸害死了皇帝，不可不深查追究。

無論如何，光宗去世了，才一個月時間，就輪到原來的皇太孫朱由校即位，是為明熹宗。熹宗即位時才十四歲，他的母親是王才人，在宮中地位很低。光宗喜歡的是李選侍，比才人身分高一點，王才人去世後，朱由校就交由李選侍照顧。據《明史．后妃列傳二》的記錄，光宗即位

14 《明神宗實錄》記載，萬曆四十七年三月，「禮科給事中亓詩教言：『皇上御極之初，日講不輟，經筵時御，何為因循至於今日，竟視東宮如漫不相關之人，視東宮講學如漠不切己之事。且不惟東宮也，皇長孫十有五歲矣，亦竟不使授一書、識一字。』」

後，李選侍帶著由校晉見皇帝，光宗在朝臣面前公開表示要將她升為貴妃。李選侍先將由校帶了出去，又自己回來，還是在朝臣面前，請求皇帝封她為皇后，但光宗沒有答應。這件事讓很多大臣留下了深刻印象。

光宗即位後，李選侍入住乾清宮，和皇帝住在一起。光宗死後，李選侍認為新任皇帝年紀還小，所以她仍然留在乾清宮陪伴小皇帝。此舉引發了朝臣的強烈反對。反對最烈、上奏語氣最凶悍的是御史左光斗。他上書說：

> 內廷之有乾清宮，猶外廷之有皇極殿也。惟皇上御天居之，惟皇后配天得共居之，其餘嬪妃雖以次進御，遇有大故，即當移置別殿，非但避嫌，亦以別尊卑也。今大行皇帝賓天，選侍既非嫡母，又非生母，儼然居正宮，而殿下乃居慈慶，不得守几筵、行大禮，名分倒置，臣竊惑之。且殿下春秋十六齡矣，內輔以忠直老成，外輔以公孤卿貳，何慮乏人，尚須乳哺而襁負之哉？……倘及今不早斷，借撫養之名行專制之實，武后之禍將見於今。（《明史紀事本末．三案》）

「乾清宮」是皇帝住的地方，就像「皇極殿」是皇帝辦公的地方一樣，其他人不能隨便用。乾清宮除了皇帝，就只有皇后能一同居住，其他的嬪妃只有在奉召陪皇帝時才能進入。皇帝去世了，就一定要搬出來，不只是避嫌，也要表現皇后和其他嬪妃的尊卑高下差異。

李選侍既沒有皇后名分，又不是皇帝生母，而且皇帝現在已經十六歲了（實歲為十四），裡面有老實的宦官、外面有忠心的大臣協助陪伴就夠了，難道還需要吃奶而要人家抱著背著嗎？

前段解釋並堅持乾清宮的制度規矩，說得很明白，後段卻影射皇帝和李選侍之間會有什麼不堪曖昧，口氣就真的過分了。嫌這樣還不夠，更進一步將這件事無限上綱，比擬為武則天專擅皇權的翻版。

李選侍受到左光斗上書羞辱，要找左光斗理論，沒想到招來更進一步的羞辱。左光斗的回應是：「我天子法官也，非天子召不赴，若輩何為者？」（《明史．左光斗傳》）左光斗是御史，皇帝任命管法律的人，只聽皇帝的，所以用不屑的口氣問李選侍：「你誰啊？」

李選侍氣不過，便叫宦官去找皇帝，但派去的宦官也見不著皇帝，因為在殿前被楊漣和左光斗擋住了。都給事中楊漣回說：「殿下在東宮為太子，今則為皇帝，選侍安得召？」（《明史．楊漣傳》）表示太子和皇帝的身分不一樣，現在當了皇帝，不可以讓李選侍這樣將皇帝找去。楊漣還生氣地瞪著宦官，宦官嚇得逃開。

左光斗和楊漣進一步要首輔方從哲出面，要求李選侍立刻搬離乾清宮，而且要搬到仁壽殿的「噦鸞宮」去。噦鸞宮是一般沒有身分的宮妃養老的地方。

這是第三樁大案「移宮案」。

04 以禮監視，「朝中」干預「宮中」

大學士方從哲為李選侍緩頰，認為事情可以不用那麼急，以那麼激烈的方式處理。楊漣卻不放過，說：「今天若不移宮，那就我們和李選侍一起到先帝靈前，講清楚我們這些大臣到底是服務哪一家的？朱家還是李家？除非李選侍有本事殺了我，否則不移宮，我就不離開。」

情況搞僵了，沒辦法，李選侍只好當日就從乾清宮搬到仁壽殿，皇帝則住進乾清宮。

表面上看，「移宮案」的贏家是楊漣和左光斗，後來就連只在位一個月的光宗的年號該如何處理，都是由左光斗拍板定案。左光斗和楊漣最終被魏忠賢逮捕下獄，飽受折磨而死，在歷史上留下了響亮的忠臣名號，以至於這段過程中的另一個重要因素被忽略了。左光斗為什麼那麼強硬？他們為什麼能夠獲得當日就移宮的勝利，甚至可以阻止李選侍去找皇帝？

因為他們在宮裡有一個大靠山——宦官王安。就像當年如果不是和馮保的密切結盟，張居正不會有那麼大的權力，楊漣、左光斗也是靠著和王安聯合起來，才全面擊潰李選侍的勢力。

如此清楚顯現出三大案的共通點——都是朝廷大臣介入皇帝宮中事務而造成的。這三大案在其他朝代幾乎無法想像，因為各朝都有基本的「宮中」、「朝中」界線，劃分開皇帝的私事與公事領域。明朝最大的問題就在於這條界線消失了，至少變得不清楚、不確定，開放了太多「朝中」干預「宮中」的可能。

同時也就開放了朝臣與宦官連結的可能，甚至到後來已經變成朝臣和宦官連結的必要。整體來說，這仍然是皇權擴張後卻無法在制度上有穩固安排帶來的結果。

廢除了宰相，皇帝自己領導六部，壓抑外朝地位，其後遺症就是皇帝沒有了原本政治上超然的身分，使得士人得以干預皇帝的家務私事。萬曆皇帝對這件事感受最深、反感最強，然而他採取的方式不是建立制度來重建界線，而是賭氣罷工，使得情況更加惡化，造成士人如果要和皇帝有所溝通，都必須透過宦官，不能不透過宦官和皇帝接觸。

沒有宦官的協助，外朝士人什麼事也做不了，而尋求宦官合作，又使得士人有更多空間介入皇帝的私生活領域，更進一步和宦官的內部派系鬥爭牽扯不清。宦官有自己內部的傾軋，而這時他們的鬥爭多了一項變數——可以拉攏外朝士人作為幫手。

這裡又聯繫上中國官場內在的選用問題，那就是人才的教育和選拔，其方式、標準和所需要的功能長期脫節。被選上的人要承擔的工作是治理人民，是制定政策並執行政策，然而他們所受的教育及經歷的考核標準，卻是講究四書五經有沒有背熟，對子是不是做得好，是不是了解文章承先啟後的結構，能不能運用各種道德教訓作出堂皇的文章。注重的都是知識和道德，尤其以家族道德為核心。

深深浸染其中的這些人，因而格外有興趣管皇帝的家務事。他們相信「齊家治國平天下」的等次程序觀念，所以認真地要求皇帝應該是天下的表率，不能容許皇帝在修身、齊家方面違背聖人古訓與當朝儀節。

他們不會將皇帝的公開行為與私生活分別看待，因為他們學習的那套道德信仰，強調君子應該表裡合一，是君子才能有效地治國平天下；於是倒反過來的邏輯，也就變成了實際負責治國平天下的皇帝，非得是表裡合一的君子不可。

他們用自己學來的那一套信念，嚴格、甚至近乎嚴苛地看待皇帝及其家人，格外重視並監視著皇帝及其家人對於禮的遵守。從與朝臣在意識形態上對抗的角度看，萬曆皇帝確實有值得同情之處。他不像正德皇帝為自己建立「豹房」，作為禮以外的特區，明白地拒絕讓朝臣監督自己的私生活。萬曆皇帝和鄭貴妃的關係攤在朝臣眼前，但他們就是以「禮」為由，不斷挫折他的願望，一直到死。

05 「么麼里婦，何堪數昵至尊哉？」

宮中、朝中的分際被打破了，宮中和朝中混為一體，就像打開潘朵拉的盒子，從裡面跳出許多怪物，產生黑暗的怪現象。其中一項，是讓原本限縮在宮中活動的宦官，有了很大的掌政、掌權空間。

宦官王安支持朝臣楊漣和左光斗，壓過了宮中的李選侍；王安底下有一個名叫李進忠的宦官，也找到自己的方式取得了政治權力。在他的勢力興起的過程中，先是復姓，變成了魏進忠，後來又由皇帝賜名，改為魏忠賢。

魏忠賢掌權，和前面提到熹宗在宮中的教育狀況有關。光宗朱常洛在父親萬曆皇帝和外朝鬧彆扭的情況下，犧牲了他的教育，同時也連累了後來的熹宗。熹宗成長中最親近的人，不是老師，而是乳母客氏。當乳母的一定生過小孩，她原本是一個叫侯二的人的妻子，但進宮之後就長留下來，沒有再出宮，而且和宮裡的一名宦官魏朝形成了「對食」關係。

「對食」表示兩個人平常都在一桌對坐吃飯，就像民間夫妻一樣，也就等於是 common law couple。客氏和宦官魏朝有著「對食」關係，生活在一起，可是另一名宦官，這時還叫李進忠的，也喜歡上客氏，和魏朝相爭。兩人的爭執變得表面化，甚至驚動了皇帝，由皇帝出面將客氏給了魏忠賢。後來魏忠賢又假託皇帝旨意，將魏朝發配到鳳陽進而殺了他。

熹宗高度依賴乳母客氏。即位第二年，熹宗大婚，迎娶張皇后，於是便有御史上奏「請逐客氏」，意思是皇帝都結婚了，不會再需要奶媽在身邊吧！但皇帝捨不得，就找了個理由，說皇后年紀還小，應該由客氏來保護，又設了一個時間點，說等父親光宗皇帝安葬後再讓客氏離宮。

等到光宗葬禮行完，閣臣劉一燝沒忘記這件事，又來「請逐客氏」，不得已，皇帝只好讓乳母離開。可是十六歲的皇帝日夜思念流涕，無法正常吃睡，終究忍不住，又把客氏召了回來。

天啟元年十月，御史周宗建首先上疏直接攻擊「天子成言，有同兒戲」（《明史・周宗建傳》），皇帝說話不算話，前面說先皇大葬後就要逐客氏，後面又將客氏找回來，「法宮禁地，僅類民家」，皇宮的神聖性都被破壞了，一個奶媽要走就走、要來就來，成何體統？這話說得夠重。皇帝生氣了，將周宗建降職，還回罵了一段。

給事中侯震暘也上書，指責皇帝說：「皇上於客氏，始而徘徊眷注，稍遲其出，猶可言也；出而再入，不可言也。」（《明史紀事本末・魏忠賢亂政》）皇帝和奶媽的關係太密切，前面拖延不讓她出宮也就算了，出宮之後還要找回來，這就說不過去，太不成體統了！又說：「么麼里婦，何堪數昵至尊哉？」（《明史・侯震暘傳》）不過就是個卑微的鄉下婦人，哪裡值得皇帝如此親近、如此看重呢？

這話不只批評皇帝，也將皇帝依賴的乳母說的很不堪。接著倪思輝、朱欽相又相繼上奏，講同樣的事。皇帝當然生氣，便將三人都貶了官。這下不得了，閣臣劉一燝、尚書周嘉謨也被激出來，他們不能接受三位大臣為了區區一個民婦被貶官。皇帝不理睬，於是又激出御史馬鳴起，他用更重的口氣說客氏「六不可留」，以六項理由一定要趕她出宮。

這下又換皇帝爆怒了，下令處罰馬鳴起，劉一燝也被奪俸。於是又有王心一上疏抗論，也遭到處罰。之後「廷臣請召還者十餘疏」（《明史・侯震暘傳》），前仆後繼，皇帝罰不勝罰，而且明顯地處罰一個就引來更多個，只好乾脆不理。

06 皇帝私生活被當作大事，人人都是言官

這是明代朝廷政治的實況。以宋朝「士人與皇帝共治天下」的理想對比來看，明朝此時的情況簡直就是孟子說的「君之視臣如土芥，則臣視君如寇讎」（《孟子．離婁下》）。一方面要這些朝臣讀書背書，牢記那些原則條文；另一方面在制度設計上，不給他們足夠的尊嚴保障，也沒有可以獨立訂定與執行政策的空間。長遠下來，朝臣和皇帝不再是合作關係，毋寧變成對立的。萬曆皇帝的態度惡化了這種結構，他實質上拒絕和朝臣溝通，更是斷絕了任何拉近關係的可能。

在對立中，朝臣隨時在找皇帝的毛病，而他們最擅長的、也最容易講得理直氣壯的，就是批評、攻擊皇帝的私生活。他們採取的策略是對皇帝輪番上陣地疲勞轟炸。前面的人被處罰了，後面的人就更振振有詞，一方面談原來的事，一方面又可以對皇帝懲罰大臣作文章。如果皇帝不予理會，他們就升高道德譴責的聲調，他們對於這種道德修辭有著長期的訓練基底。

皇帝的私生活被當作大事，而對待大事就集體動員上奏。又因為朝政制度准許所有官員對不在自己職責內的事務可單獨上奏，於是使得滿朝不管官銜是什麼，實質上人人都是言官，人人都熱中於上疏抗論。

了解這樣的政治結構與政治風氣，將心比心，我們或許會對長期罷工的萬曆皇帝生出一點同情之感吧，至少是比較正面的理解。他從經驗中得到教訓，如果對朝臣讓步，自己連私生活的自由都沒有了；但如果不讓步，表現出反對，再動用皇權施予懲罰，那非但不能阻止他們，反而會帶來沒完沒了的連鎖反應。最後，唯有的方式就是徹底冷漠以對，完全不理會、不互動。

如果不要像萬曆皇帝做得那麼極端，其他皇帝普遍的做法是在朝臣中培養自己的人，當有人批評皇帝時，這些人就會站出來反擊，於是變成朝臣間彼此爭執，皇帝可以假裝自己是中立的仲裁者。但激烈的言詞往來無法解決實際問題，到後來必定還是會引發宮中和朝中的混戰鬥爭。

客氏成為爭議焦點，她有自己的權力基礎，也有自己的權力運作空間。她當然連結魏忠賢，首先排擠王安。新皇帝即位，任命王安掌管「司禮監」，王安模仿學來的文人慣例，先表示謙讓，表示自己的才德不足以擔此重任。客氏便趁機對無知的皇帝咬耳朵，說王安表達沒有意願繼續服務，表示他對你這位新皇帝沒有感情，既然先皇已死，就讓他出宮吧！

於是熹宗真的下詔讓王安出宮，他頓時失去了權力依靠，後來就被魏忠賢害死。將王安除掉後，由於魏忠賢不識字，不具備可以擔任「司禮監」職務的資格，還是靠著客氏的關係，替他爭取到當秉筆太監。「秉筆」是幫皇帝擬草稿的人，不識字的魏忠賢怎麼能當？沒關係，他可以找識字的人將所需資料唸給他聽，並將他口述的寫成文字。

秉筆太監是個關鍵的權力位子，因為可以過目（對魏忠賢是聽到）所有的奏摺內容。熹宗皇帝對治國興趣缺缺，真正吸引他會專注做的，頭一件是木作，他有著一份工匠製作的熱情。魏忠賢於是總趁著皇帝做得正起勁時，去請皇帝定奪政事。皇帝的反應很自然是：不要來煩我，你們決定就好。如此大權輕易地落入了魏忠賢的手中。

07 魏忠賢弄權，熹宗為何「懵然不辨」？

魏忠賢的權謀是一回事，更重要的是皇帝對於政治有多大的關注，又有多少的知識理解準備？熹宗不只是到了十六歲仍然如此依賴奶媽，他長大成人的過程中到底受了多少教育、什麼樣的教育，不能不啟人疑竇。

魏忠賢弄權，他在外朝有一批敵人，最主要的就是原本和王安結盟的那些朝臣。到了天啟四年六月，楊漣發難，上疏劾魏忠賢的二十四項大罪。首罪就說：

> 忠賢本市井無賴，中年淨身，夤入內地，初猶謬為小忠、小信以幸恩，繼乃敢為大奸、大惡以亂政。祖制，以擬旨專責閣臣。自忠賢擅權，多出傳奉，或逕自內批，壞祖宗二百餘年之政體，大罪一。（《明史．楊漣傳》）

楊漣攻擊魏忠賢的出身，他不是從小就閹割進宮當太監的。這的確少見，而且帶有高度負面意義。很簡單，什麼樣的人會到了成年之後自願去當太監？「淨身」這件事太特別、太痛苦，還帶有很高的風險，尤其年紀愈長愈危險。除非是走投無路，甚至可能是被逼債、被追殺，否則幹嘛走這條不歸路？

而「中年淨身」這件事，也說明了他為什麼會和客氏形成「對食」關係。他入宮成為太監之前，已經知道男女之事，和從小就被閹割的童男，男性荷爾蒙從來未曾分泌作用過的，在身體與情感反應上當然很不一樣。

還有一項大不同。他在外面的社會打混很久，對於人際與權謀的了解，顯然遠超過其他宦官，也遠超過沒受過什麼教育的皇帝吧！

點出魏忠賢的特殊出身後，楊漣在抗疏上接著批判他如何將諸多大臣從皇帝身邊驅逐，又用了什麼手法陷害其中哪些人。接著筆鋒一轉：

> 裕妃以有妊傳封，中外方為慶倖。忠賢惡其不附己，矯旨勒令自盡。是陛下不能保其妃嬪矣，大罪九。……
>
> 先帝青宮四十年，所與護持孤危者惟王安耳。……忠賢以私忿，矯旨殺於南苑。是不但仇王安，而實敢仇先帝之老奴，況其他內臣無罪而擅殺擅逐者，又不知幾千百也，大罪十一。

王安被趕走殺死，連皇帝的妃子魏忠賢都敢動，真沒將皇帝放在眼裡。再下來楊漣自認的殺招出現了：

> 中宮有慶，已經成男，乃忽焉告殞，傳聞忠賢與奉聖夫人實有謀焉。是陛下且不能保其子矣，大罪十。

這指的是張皇后一度懷孕，後來流產，流出的死胎發現是男孩。有各種流言私語表示，是魏忠賢和客氏（封為奉聖夫人）為了保有權力而合謀下手造成的。楊漣不但指控魏忠賢，也提醒皇帝，這個人壞到連未來的太子都敢謀殺！

這份抗疏後來被當作忠臣的行為表率，稱譽楊漣敢在魏忠賢掌權時直言攻訐。不過這也再度讓我們看到，明朝的宮中、朝中不分，到了什麼樣不健康、接近病態的程度。這可不是皇后生下皇子所以對外宣布，而是從皇后懷孕到小產，甚至到小產的胎兒什麼性別，都能即時成為外朝新聞。而且大臣們也不避諱，不覺得這是皇帝和皇后的私事，不只大加議論，還將議論流言堂皇地寫在奏章上。

楊漣上疏後，魏忠賢趕緊到皇帝面前做工夫。他哭訴被如此汙辱攻擊，寧可交出包括東廠在內的所有權力。皇帝的反應呢？據《明史．宦官列傳二》的記載，皇帝命掌印太監王體乾將楊漣的上疏唸給他聽，王體乾是魏忠賢一黨的，顯然明白茲事體大，就故意省略掉文章裡最重的句子。而且唸的時候客氏就在旁邊，順便解說並評論，得到的結果就是「帝懵然不辨也」。

這還真不是平常的「懵然」！我們不得不懷疑：這位皇帝識字嗎？我們知道魏忠賢不識字，有明確的史料可以證明，但熹宗呢？貴為皇帝，理所當然認定他是識字的，然而這件事卻讓我們讀來充滿疑惑。他為什麼不自己讀奏疏，而且已經找了宦官來唸，為什麼還要客氏幫他解說，讓客氏有故意曲解、誤解的機會？

經歷這麼一樁楊漣精心策劃的反擊，魏忠賢在皇帝面前卻幾乎毫髮無傷，皇帝最後的決定是「遂溫諭留忠賢，而於次日下漣疏，嚴旨切責。」皇帝明白表示他站在魏忠賢這邊，楊漣抗疏無效，反而使得魏忠賢從此氣焰更高漲。

08 魏黨的鬥爭手段，與東林黨壁壘分明

看後世寫的歷史，總要先辨忠奸，和魏忠賢合作、甚至依附魏忠賢的大臣就是奸臣，像楊漣這樣公開反對魏忠賢的必然是忠臣。但這種觀點掩蔽了一項事實：士人和宦官的結合，不是到這時候才出現的。我們可以分辨並主張，因為其行事風格影響，魏忠賢能吸引到的士人在行事乃至

人格上有問題；但不能忘記、不能否認的歷史事實是，左光斗、楊漣等人原本也和王安連結在一起，而且和王安的連結過往，相當程度上決定了他們採取和魏忠賢對立的態度。

魏忠賢的特殊之處在於「中年淨身」，太有社會經驗，又得以拉攏客氏，替他從感情上控制知識與能力都極度不足的皇帝。他先統合了宦官系統，讓宮中只有魏忠賢這一派，如此牽動了外朝，基本上隨之整合為兩個壁壘分明的派系——支持魏忠賢的和反對魏忠賢的。

萬曆後期，朝中士人分成好幾派，包括有齊黨、楚黨、浙黨，還有東林黨。從名稱上就看得出來，是來自地緣關係的劃分，再透過科舉形成的師生關係予以擴大、強化。不過要能在外朝結成派系，幾乎毫無例外的，他們在宮中都必須有相應的支援。到了光宗朝，魏忠賢有野心也有手段，將宮中各派逐一消弭，都統合在他一人之下，一併也就改造了外朝的派系結構。

前面提到的「三大案」，是在這樣的派系結構下才成為「大案」的。屬於魏忠賢派的御史崔呈秀，他教魏忠賢利用這三件事，不斷上綱來鬥爭反魏忠賢派。

楊漣抗疏之後，魏忠賢的地位更加鞏固，便開始進行為「三大案」翻案的政治整頓。挑這三個案子，因為「梃擊案」中指控鄭貴妃的、「紅丸案」中認為李可灼有問題的，和「移宮案」中堅持要李選侍搬走的，這三群人重疊性極高，而且三次如此站邊的都有楊漣、左光斗等人。

魏忠賢和崔呈秀內外聯手，將「三大案」改寫為從皇權角度看去的忠奸之辨，一邊是忠於萬曆皇帝、忠於光宗與熹宗的，另一邊則是專門挑皇室毛病，為了凸顯自己或另有圖謀的。

魏黨動用的鬥爭手段，包括編了一本《縉紳便覽》，看起來很中性、平常的書名，實際上其內容就是點名分派，將不屬於自己這派的敵人明確羅列出來，要達到讓眾人歧視、排擠、甚至霸凌他們的效果。類似的名錄還有《點將錄》、《天鑒》、《同志》等，都同樣要區分誰是自己人，讓魏黨的人在交友來往和人事安排上當作參考指引。

魏黨的區分大動作，明顯針對另一邊的「東林黨」。談到明末的「東林黨人」，在歷史上要稍有分辨。源自「東林書院」的關係，自認為屬於「東林」團體的，其實人數不多，這是狹義的「東林黨人」；還有另一種廣義的「東林黨人」，那不是他們自己認定的，更沒有明確的結社行為，而是因為他們不屬於魏黨，尤其被魏黨排斥、視為敵人的，就都歸入「東林」。

09 哪個大臣帶兵出去，他就倒楣

「三大案」翻案的整風，到了天啟五年四月發展到新的高點，就是皇帝下詔要重修《光宗實錄》。光宗在位不過一個月，那麼短時間內的記錄，有什麼重要的，還得重修？這明顯不是為了保存記錄，而是要以此時已經形成的權黨所認定的政治正確標準，來重新予以改寫。從重修《光宗實錄》，更進一步擴大為編撰《三朝要典》，匯集了和「三大案」相關的奏章，由皇帝下令，要求相關的官員必須研讀。

這些文本，實質上是針對反魏忠賢派的總起訴狀，清楚標舉出這些人在「三大案」中站錯邊，現在被認定是對皇帝與皇權大不敬的，藉此展開了大整肅。楊漣、左光斗首當其衝，進而牽連愈來愈廣，連在外的將領如遼東經略熊廷弼，也以賄賂朝中大臣的理由被批鬥。熊廷弼之外，又牽連到孫承宗。

魏忠賢掌權，既而發動鬥爭，這過程和後來的流寇之亂變得無法收拾，至少在三方面有明確的因果關係。第一是朝中混亂不堪。在整肅「東林黨」的過程中，許多原有的恩怨都被拿來放大利用。大家熱中於彼此攻訐時，最危險的是那些握有權力但此刻人不在朝中的官員。有權力，就會成為攻訐焦點，偏偏又不在朝中，既無法為自己辯護、提防別人算計，更無法參與拉這打那的活動，盡失主動防護與反擊的機會。

從天啟年間延續到崇禎一朝，我們看到的現象是：哪個大臣帶兵出去，他就倒楣。這不是偶然、巧合，更不是剛好都選到有問題或沒人緣的大臣來帶兵，而是當時結構性的、近乎必然的政治反射動作。有權又不在朝中，自然吸引原本就有過節的人或另有野心的人，拿這個人當作鬥爭的目標。

以至於後來這些要帶兵的人，必須有一半的政治實力或一半的心思放在預備後方。這樣的將領無法全心打仗，如何能在戰場上有好的表現？影響所及，也就使得對於建州女真的坐大，到底該戰還是該撫，遲遲無法有定論。主戰有主戰的風險，主撫有主撫的風險，都必須先考慮自己的意見是否可能成為別人批判鬥爭的理由。

主戰風險很高，如果被賦予領軍的責任，先別說戰敗，戰爭必然有勝有負，就算沒有打敗仗，光是作戰過程就已經存在很多陷阱。像是到了冬天必須停戰，後方可能把你罵翻了；因為什麼原因行軍慢了一點，後方也一定罵聲連連。

主撫沒有這方面的風險。不過主撫被視為等同於保證建州女真會維持和平、會聽話，如果安撫之後他們又有侵犯威脅行為，那麼原先主張安撫的人可就吃不了兜著走了。

10 流寇問題關鍵：「括天下庫藏輸京師」

再者，第二方面，魏忠賢鼓勵宦官習武。天啟年間，宦官大批大批在宮中操練，從個人武藝一直到軍事戰陣。現代武俠小說中出現許多武功高強、莫測高深的太監，其想像就是源自於此。讓宦官習武，魏忠賢得以恢復中斷已久的「中使觀軍」做法，「中使」指的是內廷使者，也就是派宦官去視察、考核部隊。

如此更激化了與軍事相關的爭端，使得帶兵的人愈來愈難不牽扯入宮中和朝中的政治亂局。

不巴結宦官，宮中無人照應的話，隨時可能派來一個甚至連奏章都不會寫、也不用寫的太監，視察一番後回去胡說一通，將領根本無從防範。

還有第三方面，剛浮上表面時像是小事，後來卻證明了破壞力最大。天啟三年九月，皇帝下令全面增加州縣的兵力，並且計畝加餉，也就是以增加田賦來支應這部分的開支。幾個月後又下令「括天下庫藏輸京師」[15]，將各地州縣儲藏的金銀與糧食，都集中輸運到京師來。

這件事引發了反對的聲浪。明朝沒有所謂的中央銀行，各個銀庫各自藏銀。這項源於朱元璋「小國寡民」政策的設計，給帝國帶來很大的麻煩，不過有一項好處——讓地方容易賑災。當地可以就近處理，一處的荒年得以控制，比較不會蔓延為人民流離、四鄉受困的局面。

就算第一時間沒有控制住，行政效率太低或地理隔絕拖遲了運送救難，此地的饑民流徙到鄰省，鄰省也還有方便的銀倉穀倉，可以盡快動用來救濟。畢竟連續兩年、三年的天然災害不是那麼常見，這年的饑荒控制住了，明年生產恢復，問題就得以緩解。

但朝廷的政策做了改變，要求將糧倉的存糧都集中到京師，使得地方上賑濟災荒的能力大幅下降。

15 《明史．葉向高傳》記載：「有請括天下布政司、府、州、縣庫藏盡輸京師者，向高言：『郡邑藏已竭，藩庫稍餘。倘盡括之，猝有如山東白蓮教之亂，何以應之？』帝皆不納。」

這項改變了的條件，直接造成後來的流寇。流寇的本質是少數地方糧食不足，人民為了生存而流竄到其他地方搶食。在高度依賴天候條件的農業社會中，流寇在中國歷史上是極為普遍的現象。然而明末的流寇，第一是流竄的範圍極廣，第二是人數多得驚人，第三是長期拖延一直無法解決，在這三方面，都到達歷史上少見的程度。

流寇問題擴大的根本原因，在於原先用來處理人民離亂的機制都失效了。「括天下庫藏輸京師」是其中關鍵。各地沒有了立即可以發放賑災的儲備，一旦有澇災旱災，饑民只能往外求食。河南饑民竄入河北，河北也沒有儲備可以提供，於是要嘛河北的人民靠武力護住自己的生產所獲，那麼河南的饑民只好一路再往山東流竄。更常見的是河北的食糧被搶了，無論如何河北的糧產絕對不夠餵飽河南加河北的人，於是在河北又出現一部分饑民，只好和原先河南的部分饑民再一起往山東或山西去。

11 流寇是明朝政治體系崩壞的總體現

流寇就是這樣形成並擴大的。處理流寇有一種方式叫做「堅壁清野」，憑恃足夠的武力將流民阻擋在外，實質上就是讓他們餓死在道路上，不要入城侵擾。要「堅壁清野」，必須靠軍事力量，由朝廷派兵防守，於是就又牽涉到弱化、惡化明朝軍事力量的條件。

防堵流寇有迫切的時間問題。對於領軍的人來說，如果判斷要花三個月「堅壁清野」，他心裡就發毛了。他太明白到了第二個月，朝中一定會有人嚴厲批評：偌大的部隊派出去，這麼久了還不能解決問題，應該追究將領的責任！他不能冒險如此被缺席鬥爭，於是必須求取更快速有結果的方式。

一種方式是「以鄰為壑」，用暗示、明示，甚至收買迫近的流寇不要犯境，轉往其他地方去。這麼做，當然就管不到其他地方的防禦準備如何，過程中流寇是否會更加壯大等等相關問題。採取這種策略，實質上是讓流寇影響得更廣。

另一種方式是「招降」，直接將流寇收納成為自己的部隊，流寇問題得以暫時消失，還可以編組這批增員後的部隊來防守或攻擊其他股的流寇。不過，關鍵在於招降收納進來的人員，會聽命令、能指揮得動嗎？

史書上記錄，明末流寇領袖之一的張獻忠多次「詐降」，其背景不只是張獻忠個性反覆、不可信賴這麼簡單。「詐降」要看到底是對誰投降，也要看是接受了什麼樣的投降條件。經常發生的，是明朝前線的將領先向朝廷報告敵人已經歸降，用這種方式來爭取時間，然後才想辦法和流寇談判、招降。一來，流寇沒有嚴整的組織，遑論可依恃的紀律，代表去談判的人同意要降，群眾不見得就馴服；二來，談判過程中討價還價有之、爾虞我詐有之，很難成立真正有約束效力的結論。

前線帶兵之人普遍的心態，就是急於處理眼下問題以保護自己，他們提的辦法自然傾向於治標而非治本，無暇思及解決根本的困境，甚至無心要理解。招降時既然沒有打算要解決更複雜的問題，降了的當然還會再叛。主其事者要的，只是自己在這個位置上別受害，得以毫髮無傷地交卸任務就好了，後面的惡化情況讓後面的人去倒楣。

在這種情況下，流寇其實是明朝政治體系失能崩壞的總體現。明朝在財政上無法數字管理，所以流寇破壞國家財政基礎的嚴重程度，遲遲未得到充分掌握。各地的生產系統接連瓦解，發生骨牌效應，製造愈加嚴重的財政缺口。明朝國家財政從未充裕過，如此一來，主要依恃的收入來源快速乾涸，官場上一片訾議、檢討之聲，人人有張利嘴、有支利筆，相應地卻沒有人真能出胳臂出腿去效力。

流寇與滿洲兩項因素表裡作用，造成了明朝的滅亡。

滿清入關建立政權，他們從明朝那裡接收過來的，是被流寇攻擊破壞得千瘡百孔、幾近無政府亂況的中原。要以外族的身分，在完全沒有統治中原經驗的基礎上，迅速地穩定秩序，更進一步在幾十年內不只創建一個新的朝代，甚至開啟了和平的百年治世，其難度遠比一般所認知的高得多。

美國漢學家魏斐德（Frederic Wakeman, Jr. 1937-2006）將他寫的清初歷史定名為「偉業」（The Great Enterprise），[16] 有其史識道理。放開漢族的民族中心立場，看清楚明朝政局長期腐蝕、社會最終敗亂的史實，我們不得不承認，清朝得以克服這種種結構性負面作用，重建一套有效統治，確實是一番「偉業」。

16　可參考〔美〕魏斐德著，陳蘇鎮、薄小瑩、譚天星等譯，《洪業：滿清外來政權如何君臨中國》（*The Great Enterprise : The Manchu Reconstruction of Imperial Order in Seventeenth-Century China*）上中下冊（臺北：時英，二〇〇三年）。

第十講

崇禎皇帝——心理史學的分析

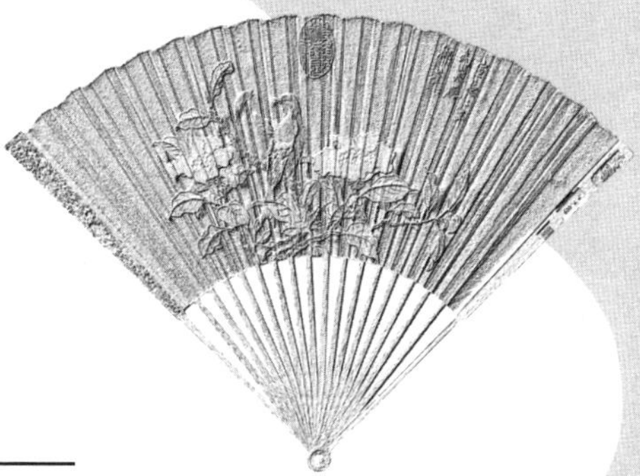

01 生祠遍立的「九千歲」魏忠賢的垮臺

明熹宗天啟皇帝十六歲即位，在位七年，才二十三歲就去世了，沒有留下子嗣。前面提過，楊漣抗疏攻訐魏忠賢時，提過張皇后懷孕流產之事，此後張皇后沒再生育。於是皇位由熹宗的五弟、當時的信王繼承，就是後來的崇禎皇帝。

崇禎皇帝在位期間同樣只用過一個年號，但他去世之後卻有多個廟號，在歷史上容易造成混淆。南明政權給他的廟號是思宗，後又改為毅宗、威宗；取明朝而代之的清朝則另外給了他懷宗的廟號，但這個廟號後來又被取消，改諡莊烈愍皇帝，變成沒有廟號的亡國之君。因而在稱呼上，還是以崇禎皇帝比較方便、清楚。

熹宗二十三歲去世，在臨終前決定由五弟朱由檢繼位，當時張皇后顯然有機會取得較大的政治影響力。朱由檢過去表現出對於魏忠賢的明白敵意，因而得到張皇后的支持。張皇后留下一個有名的故事，《明史．后妃列傳二》中說，有一天熹宗看到皇后在讀書，問她讀什麼書，皇后嚴肅認真地回答：是《趙高傳》。這答案當然別有用意，要警告皇帝提防宦官。

此事傳出去後，魏忠賢有所警惕，於是徵求大臣抗疏向皇帝指控張皇后的父親張國紀。其中一位年已七十的順天府丞劉志選應命，寫了疏狀劾張國紀，重點在張皇后非張國紀親生，事涉偽冒欺君。不過皇帝看了上疏內容，處理的方式是轉知張國紀，告訴他要「自新」（《明史．閹黨列傳》）。

這又讓我們懷疑皇帝到底有沒有看奏章，或是到底有沒有看懂奏章在寫什麼。關於張皇后到底是不是張國紀親生的，重點應該要先弄清楚事實吧，怎麼會是要張國紀「自新」？要如何「自新」，保證以後不會再將別人家的女兒假冒自家女兒嫁給皇帝？皇帝很可能完全不理解奏章寫了什麼，也很可能對皇后的身世完全不好奇、不在意。無論是哪一種可能，都挺奇怪的，這樣的人握有政治上的絕對權力，也挺恐怖的。

崇禎皇帝在農曆八月二十四日即位，到了十月，他最早發出的重要命令便是罷免崔呈秀。崔呈秀是魏忠賢和外朝大臣間最主要的聯絡人。不過此舉還沒有讓魏忠賢緊張，因為他事先本來就布局要讓崔呈秀當替死鬼。知道新皇帝對自己的行事很有意見，魏忠賢就教幾位大臣上疏指責崔呈秀，將一些新皇帝討厭的事推給崔呈秀，採取了棄車保帥的策略。

但接著，皇帝下令將浙江巡撫潘汝禎削籍。潘汝禎是誰？他是最早提議要替魏忠賢建「生祠」的大臣，人都還活著，就要將他當神仙來拜，這真是阿諛到了極點。

第一座魏忠賢的生祠蓋在西湖邊，接著各地大官都搶著在自己的轄地上蓋生祠來巴結魏忠賢。一座座蓋得愈來愈講究，據《明史紀事本末．魏忠賢亂政》中說，有的以沉香木刻人偶，眼耳鼻口宛如生人，就像有一個維妙維肖的魏忠賢在那裡；還有的是「腹中肺腸皆以金玉珠寶為之」，將人偶挖空，裡面裝滿了貴重寶物；另有一種創意是將人偶的髮髻處挖中空，方便可以插上鮮花。

藉著建生祠，展開了拍馬屁儀式競賽。有人迎忠賢像，五拜三稽首，稱九千歲，只比皇帝的「萬歲」少一千。還有人將魏忠賢的生祠蓋在北京的內城東街上，引來工部郎中葉憲祖的憤慨，私下感嘆：這裡是皇帝出城時會經過的地方，當皇帝出行時，這個魏忠賢的土偶會起立敬拜嗎？這樣的話讓魏忠賢聽到了，葉憲祖就被削籍作為懲罰。

另有巡撫楊邦憲上疏，要將魏忠賢的生祠擴大範圍，毀去原來其他賢人如周敦頤、二程的祠堂。然而這個楊邦憲運氣不太好，寫奏疏時熹宗還活著，等到奏疏上到皇帝那裡，已經換成崇禎皇帝了。「帝且閱且笑」（《明史．閹黨列傳》），皇帝讀了之後笑笑，見到皇帝這個反應，魏忠賢覺得不妙，趕緊表態反對。皇帝說：好。魏忠賢趕緊再說那些還沒蓋好或預備要蓋的，也都叫停不要蓋了。皇帝也說：好。

新皇帝沒有等魏忠賢再有什麼動作，農曆十一月一日，離他即位才兩個多月，就命令魏忠賢出京，到鳳陽去守皇室祖先的陵墓。這當然是貶斥，而且帶有要他向皇室祖先認錯悔過的意涵。魏忠賢出宮才五天，皇帝又將魏黨在外面監軍的太監全數撤掉。魏忠賢明白大勢已去，還沒走到鳳陽，才到阜城就識相地自殺了。

之後崔呈秀也自殺，魏忠賢的「對食」客氏也被逮捕笞打而死。儘管氣焰高漲不可一世，地位高到「九千歲」，然而當皇權有意識發動時，魏忠賢的勢力在短短兩個多月便土崩瓦解。到崇禎二年，皇帝正式詔告魏忠賢一干黨羽的罪狀，施予懲罰。

02 超越前代的絕對皇權與忠君思想

看這段歷史，最令人驚訝的是前後變化之巨。魏忠賢控制了宮中，進而收拾了朝中，連外朝都有這麼多官員依附他，掀起各地搶著建「生祠」的荒唐運動，很難想像如此的權力竟然不只倒塌得這麼快，而且這麼徹底。他無法陰謀連結進行任何形式的抵抗，甚至立即連命都保不住。

這充分說明了，魏忠賢再厲害、地位再高，仍然抵不過此時仍然近乎絕對的皇權。看起來他好像已經在權力上取代了皇帝，然而他的所有權力依據都還是來自皇帝，所以也就可能被皇帝一夕之間收回。

和歷史上的其他朝代相比，有一項明顯的差別。魏忠賢不可能不知道熹宗死後最有可能即位的，是平素就對他很有意見的崇禎皇帝，卻也無力干預改變。而這位新皇帝也不需要什麼時間，不需要什麼複雜細緻的布局，光是有意識地親自運用他的皇權，立即就讓魏忠賢建立起的勢力結構如摧枯拉朽般灰飛煙滅。

這真的是中國皇權的最高峰。歷史上有那種面對世族帶著高度自卑的皇帝；有逃難跋涉、吃不飽飯喝不到水的皇帝；也有被軍閥以武力挾持，成為傀儡用來「挾天子以令諸侯」的皇帝；還有在「與士人共治天下」的政治理念中，被士人宰相逼著冒險到前線的皇帝。明朝的皇帝不受這些限制，即使是魏忠賢，或是劉瑾、嚴嵩，他們仍然是依附在皇帝底下運用皇權的人，他們不可能僭越皇權，更不可能挑戰皇權。

會造成絕對皇權，因為透過教育、考試到行政程序，明朝的朝臣都已經被徹底洗腦。這必然同時也是官僚系統被洗腦得最徹底的一個朝代。這個朝代的官員沒有自我，只認皇帝，只認這個皇朝。他們的忠君思想根深柢固，超越之前的任何朝代。

往後到了清朝，滿清政權遇到的最大困擾，同時也是他們在歷史上的最大成就之一，正是如何將原本只認同、強烈認同明朝的這套政治結構，改造成為接受並服務新政權。這段政權認同的歷史轉折與轉型，康熙皇帝是影響最大的關鍵因素。

從明到清，外朝大臣被如此洗腦收服，以至於到了我們的時代，很多人認為中國的臣子必定都乖乖聽命於皇帝，在皇帝面前都是順服的奴才。這絕對不是歷史的事實，中國傳統儒家的政治理想不是如此，他們講究並強調為人臣的要有風骨、要有脊梁，在各朝中都有不少大臣集體展現風骨的例證。也因為明清的政治認同意識，使得很多人都覺得，一名臣子始終效忠一個政權，是歷代絕對正面的價值。這在中國歷史上的許多時刻並不是必然的，更沒有被上綱為絕對原則。

高度忠君的態度，其實是在明代確立的。明朝皇帝握有的絕對皇權，正是透過這些朝臣在價值觀上自我矮化而墊高形成的。並不是皇帝有多可怕，更不是皇帝有多了不起，而是這些士人、大臣除了皇帝之外別無信仰。皇帝成為他們公、私兩面生命目標的唯一中心，離開了皇帝，他們就不知道該追求什麼其他目標。

03 中國士人有著怎樣的集體心理狀況？

這種情況在明末發展到極端，也呈顯了最極端的表現。明朝問題重重，內防不了流寇，外阻不了滿清，其滅亡不只亡了一次，而是先亡於流寇，再亡於滿清。然而如此問題重重，真的沒有什麼條件可以維繫下去的王朝，竟然還「歹戲拖棚」，硬是長出一段不絕如縷的「南明」尾聲。這個朝代無法結束，大臣們抓到一個有資格當皇帝的算一個，他們不能接受、不能想像沒有姓朱的皇族當皇帝的日子。

這個現象十分值得探究，為什麼中國士人會有這樣的集體心理狀況，內在有如此強烈的信念，只認明朝、只認朱姓的皇帝？特別令人疑惑的是，歷來的朱姓皇帝可有對士人、大臣特別好，刻意拉攏嗎？

沒有，很明顯沒有。可以聯想比擬的，是蘇聯在史達林時期的共產黨員。大家不妨去找匈牙利作家亞瑟．柯勒斯（Arthur Koestler, 1905-1983）的《正午的黑暗》（*Darkness at Noon*）來讀，看書中記錄史達林如何整肅黨內的老同志。重點不在史達林多壞、多殘酷，而在探問：為什麼那麼多老同志會願意認罪？尤其他們之中很多人明明知道不論自己認罪與否，結果都是一死，那又何必配合史達林的行動？

這表示其中有超越個人生死層次利害的思慮。對他們來說，比死活更重要的，是自己曾經擁有過的革命信仰。他無法背叛自己的信仰，近乎絕對、唯一的信仰，那是在革命奪權過程中培養起來、再深厚不過的信仰。

藉由這種歷史上集體心理現象的映照，我們可以對崇禎朝的朝政有比較深入的認識。崇禎皇帝對待大臣也相當殘虐，殺了很多人，用了很多冷酷的迫害與行刑手法。然而在促使明朝滅亡的諸多原因中，大臣對皇帝的背叛、反逆卻絕對不在其中。這些大臣都近乎麻木地堅持、支持絕對皇權。

皇權在他們眼前進行了一次絕對的大逆轉，從徹底交付給魏忠賢，到徹底否定和魏忠賢有關的一切。

魏忠賢死後，崇禎元年五月，皇帝明令廢棄魏忠賢當時用來霸凌反對者的《三朝要典》；崇禎二年三月，倒過來頒示了一個「逆案」名單，有兩百多人列名其上，分七等定罪，認定是依附魏忠賢的黨人，一概從朝中趕出去。

眼看他起高樓，眼看他樓塌了，逆轉的報應來得那麼快、那麼順利，真是大快人心啊！不過從長遠一點的歷史眼光看，思考使得如此逆轉成為可能的權力背景，還是會讓我們起雞皮疙瘩，並且明白這樣的明朝基本上無法維持下去。

皇帝擁有如此絕對的權力，那要如何才能保證皇帝會將絕對權力運用在對的、好的方向上？需要什麼樣的人格、精神、能力，能夠好好利用絕對權力？「絕對」意味著皇帝不會錯，沒有人能指摘皇帝錯誤，進而阻擋他要信任魏忠賢或擊垮魏忠賢，因而絕對皇權不能在試誤（try and error）中逐漸修正調整。絕對權力必須依賴運用權力的人有足夠的智慧，知道自己在做怎樣的決定，會產生怎樣的效果。

然而這樣的權力卻是嫁接在一套極度僵化的繼承制上，這套制度不要說和民主相比，就算和曾經存在過的其他政治權力繼承方式相比，都是最僵化的。基本上，只要你是皇后所生的第一個兒子，這份權力就自動屬於你，完全不管你具備怎樣的人格、精神與能力。皇帝的絕對權力偏偏在這點派不上用場，萬曆皇帝想要改立太子，就被朝臣堅決反對，造成了王朝的政治危機。

制度上賦予皇帝絕對權力，但什麼樣的人來當皇帝，又全靠出生身分的偶然。歷史上顯現得很明白，從明神宗、光宗到熹宗，沒有一個人具備基本上能夠運用、也願意好好運用絕對權力的特質。

04 袁崇煥要求「不以權力掣臣肘」

崇禎皇帝一上臺，就整肅了實質上占用絕對權力的魏忠賢，將權力收回來。他一決定收回，魏忠賢便掉入深淵、一無所有。然而接下來其他的問題，就沒有那麼容易解決了。

最棘手的問題是建州女真在東北坐大，不斷擴張勢力。原先廣義的「東林黨人」得到平反起復，朝廷有較多的人才資源可以選用，在各方舉薦下，找來了袁崇煥。袁崇煥會得到舉薦，是因為他有經驗，而他有的又絕對不會都是好的、正面的經驗。

袁崇煥看過熊廷弼如何在遼東經營，又如何垮了；也看過孫承宗如何在此經營，又如何垮了。依據他的經驗，袁崇煥向崇禎皇帝提出了要求：不能讓後方的朝廷諸臣「以權力掣臣肘，以意見亂臣謀」（《明史．袁崇煥傳》）。在外面遠地經營，要得到充分的授權信任，皇帝不要聽身旁的人多囉嗦，尤其不要派其他人從後方來分權，限制前方的行動。

和提出這個要求相對應的，袁崇煥承諾了「計五年，全遼可復」，五年內能夠將建州女真的勢力趕出遼東。崇禎皇帝同意了，等於給了袁崇煥一支尚方劍，讓他可以獨立支配相關的財政與人事。

袁崇煥訂定的策略是：第一，「以遼人守遼土」，用當地的人擔任主要的防守任務；第二，「以遼土養遼人」，直接運用當地的資源，不全靠後方輸送前方；第三，「守為正著，戰為奇著，和為旁著」，以防禦為主，有特殊機會就出兵進攻，不得已時才談和；第四，「法在漸不在驟，在實不在虛」、「任而勿貳，信而勿疑」，執行過程需要時間，不能急，尤其不要追求表面的功績，因此一定要能信任，不要懷疑，更不要動不動沒看到績效就換人。

皇帝對袁崇煥的意見都表示贊同，任命他全權督師薊遼。於是袁崇煥去了遼東，一到那裡就先動用人事權，將遼東和登萊的兩個巡撫撤銷掉。更關鍵的作為在於對待毛文龍。鎮守東江皮島的毛文龍一面帶領明朝的守軍，一面經常和建州女真通商，得到很大的利益。袁崇煥便上疏皇帝，要求派一名兵部的文臣來監管毛文龍的軍餉。知道這件事之後，毛文龍「惡文臣監制，抗疏駁之」，也上疏辯駁。袁崇煥於是突襲毛文龍，借閱兵之名登上毛文龍守衛的皮島，趁機斬殺了毛文龍，然後才「以其狀上聞」。

名義上那是一份自陳罪狀，結尾處表示自己擅殺毛文龍，願意接受皇帝降罪。不過前面長篇都在解釋為何要殺毛文龍，以及毛文龍死後該如何處置他的軍隊，包括為了保證其軍隊穩定不叛變，需要增餉至十八萬。

據《明史・袁崇煥傳》中說，「帝驟聞，意殊駭」，皇帝剛知道這件事時很驚訝，無法接受，後來才想通，「念既死，且方倚崇煥，乃優旨褒答」，反正毛文龍都死了，而且正要倚重袁崇煥，就下旨嘉獎袁崇煥做得對。

05「崇禎五十相」，最難服務的皇帝？

殺毛文龍的事發生在崇禎二年（一六二九年）六月，四個月後，後金的部隊就毀邊牆而入，突破明軍防線直通京師。袁崇煥和其他將領緊急發兵防堵，但在這節骨眼上，傳來了袁崇煥勾結建州女真的指控。

對袁崇煥的指控，包括了在努爾哈赤去世時，他曾經派使者前去弔唁。這是事實，但根據這樣的事就說成勾結，也太誇張了！另外，從清人的記錄如《清太宗文皇帝實錄》中看到，此事牽涉到皇太極布置的反間計。他們從明朝俘虜了兩名宦官，接著安排已經投降後金的高鴻中、鮑承先兩人，故意走到兩名宦官被關押處附近，裝作沒有足夠警戒提防，輕聲低語地談論和「袁巡撫」間說好了的種種安排。

清人顯然已經很了解明朝朝廷的政治風氣。其中一名姓楊的宦官逃回去後，立即告到了皇帝那裡，而他的控告必然會被皇帝當一回事。六月殺了毛文龍，十一月女真兵臨城下，皇帝便以擅殺毛文龍、護衛不力等為理由，將袁崇煥下獄。到了隔年八月，袁崇煥被處以殘酷的極刑。

從明代政治史架構來看，袁崇煥被殺，最根本的原因在於他侵犯了皇帝的絕對權力，他真的獨立去使用皇帝給予他的「全權」。但崇禎皇帝並沒有要和任何人分享他的絕對權力，對皇帝來說，袁崇煥不報告、不請命就殺了毛文龍，比傳言他和後金勾勾搭搭還要更嚴重。

尤其是先斬後奏的奏狀中，袁崇煥擺出一副理所當然皇帝會接受這個事實的態度，最是冒犯了崇禎皇帝。偏偏當時的狀況讓皇帝不能發作，還必須如袁崇煥預期的將那口怒氣嚥下去。一時嚥了下去，但擁有絕對權力的皇帝，隨時可能爆發出來，不會一直憋在肚子裡。

袁崇煥死得冤枉，以至於後世留下了一種歷史觀點，強調如果袁崇煥不死，明朝或許就不會滅亡。這樣的看法其實和當時明朝政治的現實有很大差距。袁崇煥被殺時是崇禎三年八月，距離明朝滅亡還有將近十四年時間。即便當時袁崇煥不死，甚至沒有下獄，後來也很難有什麼作為。因為崇禎皇帝在位一共十七年，在這段時間中，竟然任用了五十位閣臣，換過十九次首輔！

張居正、申時行、方從哲、劉一燝等都當過首輔，那是內閣閣臣之首，也是朝廷官員中地位最高的一位。明太祖洪武年間因「胡惟庸事件」廢相之後，改設殿閣大學士，到成祖時，內閣機制逐漸成熟，閣臣取得了類似輔相的地位。清初王士禛《池北偶談》中就有「崇禎五十相」的說法，他還跟宋朝相比，說從宋太祖到宋哲宗一百三十年的時間，總共才任用了五十位宰相，但明代光是崇禎一朝就「命相亦五十人」。[17] 還有，在崇禎之前，明朝兩百多年歷史中，只有一位

17 《池北偶談．談故二》「五十相」條記錄：「《石林燕語》云：『本朝宰相，自建隆元年至嘉祐四年，一百四十年，凡五十人。』明崇禎十七年間，命相亦五十人。可以觀治亂矣。」《石林燕語》為宋人葉夢得所著，但該書卷二寫的是：「本朝宰相，自建隆元年，至元祐四年，一百三十年，凡五十人。」王士禛引用時有誤。

閣臣在任上被處死刑，而崇禎不到十七年的時間裡，就殺了兩位現任閣臣。

很明顯地，在崇禎皇帝朝中做事，動輒得咎，哪有可能再撐得了十四年？五十位閣臣、十九位首輔，平均每個首輔的任期是十個月，可以想見服務這位皇帝有多困難。

06 極端的自我中心 貫串崇禎朝的統治

崇禎皇帝剛上任不久，對於很多狀況還不是很熟悉，是比較依賴閣臣的時候。崇禎元年，他任用過劉鴻訓擔任閣臣。《明史．劉鴻訓傳》中記錄，當時北京城門的守門衛隊因為領不到薪餉而鼓譟，皇帝知道後很生氣，要找造成短餉的戶部究責。劉鴻訓勸皇帝逆向思考，將這件事當作權謀的機會，可下令發三十萬公帑給鼓譟的衛隊。

這叫做「不測之恩」。這些衛兵們因一時衝動而有脫序行為，衝動過後一定有點後悔，也擔心會引來懲戒。如果皇帝在此時竟然施恩於他們，他們一定感激涕零，如此不只得到衛隊未來的效忠，也讓皇帝的恩慈名聲傳揚在外。

劉鴻訓講的不能說沒有道理，然而光是劉鴻訓對皇帝原本的反應有意見，皇帝就不喜歡他了。新皇帝剛即位，劉鴻訓覺得自己有責任告訴皇帝什麼是該做的，但他的經驗是不管說什麼，皇帝的反應都是不同意。劉鴻訓可能也有挫折感吧，退朝後就對人家表示，認為這位皇帝還不懂事，也不夠有魄力。結果「帝聞，深銜之，欲置之死。賴諸大臣力救，乃得稍寬。」

多嚴重啊！話傳到皇帝耳中，皇帝非常生氣，氣到要殺劉鴻訓，還要靠其他大臣盡力挽救，才終於放過。但死罪可免、活罪難逃，劉鴻訓還是被謫戍到北方代州，後來就死在戍所，再也沒回來。

劉鴻訓錯在哪裡？一錯錯在皇帝已經有看法時，還要表達自以為更聰明的建議；二錯錯在經常催促皇帝去做他還沒想到要做、或還沒準備要做的事，表現得好像比皇帝還了解狀況；三錯錯在竟然還敢在背後批評皇帝。

而這些錯，是從崇禎皇帝高度自我中心的角度去判斷的。這是明末最大的悲劇，皇帝的絕對權力此時掌握在一個高度自我中心的人手中。他自我中心的程度極端到只要意見從別人那裡來，他的反應必然覺得不對，無法贊同任何人。先入為主地認定別人都不可能對，不可能提出比自己能想到的更好的意見，然後才從中找出問題、找出理由來否定別人的主張。

只要是劉鴻訓主動提的，皇帝一定就先說「不對」、「不要」、「不應該」、「不可能做」。而且對於別人的批評，如此自我中心的人不只不能接受，還會將之上綱為仇恨，視為一種絕對無法原諒的錯誤。

拒絕別人建議，不能忍受批評，這兩項自我中心的特質，貫串了崇禎朝的統治。

07 輕信和多疑的矛盾結合

崇禎皇帝用過的閣臣中，得到他最大信任的應該是楊嗣昌。崇禎皇帝還曾經感嘆：「恨用卿晚。」（《明史・楊嗣昌傳》）太晚才任用楊嗣昌。很晚才任用，所以崇禎十年楊嗣昌入閣時，流寇問題已經很嚴重了。

楊嗣昌規劃了一個有名的策略來對付流寇，稱為「十面之網」[18]，也就是以軍隊武力將流寇密密包圍、限制在一個區域內。要布「十面之網」，就要動用軍隊，也就是「主戰」，然而誰來帶領軍隊呢？楊嗣昌負責制定攻剿流寇之策，但實際執行命令的人卻由不得他來選。

楊嗣昌的重要副手是原福建巡撫熊文燦，他之所以崛起，是在福建沿海整治海盜有功。他運用的方法是拉攏鄭芝龍，消滅了另一支海盜劉香的勢力。劉香被鄭芝龍捕殺，熊文燦就上書報功。不過收到報告後，崇禎皇帝的反應卻是懷疑劉香未死，所以派了一名密使扮成廣西採辦，假意去找熊文燦，實則負責調查劉香是否真的已死。

廣西採辦受到熊文燦接待，相處融洽，一次在酒後，熊文燦拍桌說大話，指稱「諸臣誤國」（《明史・熊文燦傳》），朝中這些人無能又犯錯，才會讓流寇變得如此不可收拾，順口就表示如果交給他來處理，流寇鼠輩絕對不可能這般猖獗。他這番慷慨陳詞大概太感人了，廣西採辦便對他公開自己的密使身分，表示會向皇帝推薦，讓熊文燦去打流寇。

如此一來，熊文燦嚇得酒都醒了，趕緊一連串說出對付流寇的「五難四不可」，但太遲了，這名特使對他的那番激昂表態已經留下了深刻印象。臨別前，特使問熊文燦，如果真有皇命，你接還是不接？熊文燦怎敢說不接呢？當然只能表示不會推辭。視此為保證，特使到皇帝面前便推薦熊文燦。到崇禎十年四月，熊文燦得以拔擢為兵部尚書兼右副都御史，成為執行楊嗣昌計畫的主要副手，負責布網圍堵、剿滅流寇。

這段過程若從另一個角度看，也顯現出崇禎皇帝的統治問題。一直換閣臣，因為他無法信任任何人，有著高度的疑心病。在這點上，他和其他皇帝很不一樣，是人格上的特質造成的。明朝皇帝握有絕對皇權，又有龐大的宦官系統用來監督、查察外朝官員，保障皇帝不會受到什麼威脅。所以萬曆皇帝可以罷工，一切交給官僚體系自動運作，熹宗也可以那麼信任魏忠賢。然而崇禎皇帝卻一反常人的態度，一般人是聽到人家說的話，除非有特殊理由，會先接受其為真；崇禎皇帝卻是不管聽了什麼，尤其是朝臣的上奏，除非有特殊理由，都先認定其為謊言、假話。所以他不相信熊文燦的報告，不相信劉香死了，一定要多一層調查來確認。但他的個性中又

18 《明史・楊嗣昌傳》云：「嗣昌乃議大舉平賊。請以陝西、河南、湖廣、江北為四正，四巡撫分剿而專防；以延綏、山西、山東、江南、江西、四川為六隅，六巡撫分防而協剿；是謂十面之網。而總督、總理二臣，隨賊所向，專征討。」

有另外一面，對於人家說已經發生的事，他充滿懷疑，但對於尚未發生的事，他又經常抱持無理由的樂觀。面對未來的計畫，他不會花心思、用力氣去認真講究細節，因而得到密使的推薦，立即興奮地覺得自己找到了可以圍剿流寇的人才。

把熊文燦放上這麼重要的位置，並沒有經過仔細地考校與檢驗，就像他連任命閣臣都可以這般隨意，才會十七年內換了五十位。這絕對是一種最糟的擇人、用人方式，開始時如此輕信、如此隨便，等用了之後又處處懷疑。輕信和多疑，矛盾地結合在崇禎皇帝身上。

08 崇禎人格中深層的還怒轉移習慣

為什麼會產生這種矛盾的個性？這種矛盾性質在一項心理機制上統合了，那就是拒絕承擔責任、本能地逃避責任。

從表面上看，這樣的人一面輕信地隨便任用，用了又多疑以致頻頻撤換，他不累嗎？難道不會學到教訓，將多疑的態度搬到用人之前，與其用了卻不斷擔心懷疑，不如先花點時間、費點工夫，徹底認清楚這個人，思慮明白他到底是不是對的人選？

我們會有的疑惑，如果從深層心理上對於責任的抗拒來看，就能得到解釋了。這樣的人高度自我中心，到達了絕對不能承認自己可能有錯的地步。正常狀況下，人經常會感覺到自己做錯了決定，感到懊惱而展開反省，過程中我們的自我意識也就受到了打擊。因而逐漸被迫明瞭，現實世界不是我能夠完全操控的，不是我如此計畫、如此想像，別人就會依照我的計畫行事，事情就會依照我的想像發生。如此我們的自我受到了約束限縮，自我中心被其他因素侵入，不可能再如此獨斷。

那麼是什麼樣的人，具備怎樣的心理機制，才能抗拒其他因素侵入，一直保持高度的自我中心，目無外界現實？那就要不斷地「遷怒」，深深相信所有的錯都是別人的，我之所以失敗、之所以無法得到計畫中的結果，不是我的計畫有問題，不是我太一廂情願想像，都是別人害的。

自我中心永遠和「遷怒」的反應連結在一起，愈會「遷怒」的人便愈是自我中心；倒過來，要一直保有高度自我中心的態度，這樣的人非不斷「遷怒」不可。孔子對於人的道德修養有很多了不起的洞見，其中一項就表現在以「不遷怒，不貳過」（《論語．雍也》）來稱讚顏淵。

短短少少的六個字，卻表達了多麼細緻的觀察。不遷怒，指的是願意承認自己的錯誤，有這樣一份最誠實真摯的反省之意，那不是表現於外、對別人認錯，不是迫於形勢或為了挽回面子給自己下臺階而認錯；而是對內的，自己真切感受其中違背了原則，必須如此認錯，才能「不貳過」，不再犯下同樣違背原則、違背良心的錯誤。

在日常心理機制中，人們會傾向於維護自我（ego），將許多力量從衝擊自我的方向轉移開。久而久之，這樣的轉移就成為習慣，「遷怒」便是其中最常見的一種轉移。

崇禎皇帝的人格中，帶著深層的遷怒轉移習慣，認定別人是錯誤的來源，而以憤怒形式發洩出來。一個經常處於憤怒狀況中的人，往往便是以憤怒為儀式，藉著對別人生氣，撇清自己的責任關係。都是你們胡亂來，都是你們不聽我的，都是你們沒有注意，都是你們不夠認真……，都是你們讓我如此生氣，所以造成這樣的錯誤結果都和我無關。愈是怕責任沾上來，就愈要表現得憤怒。

09「刑部易尚書十七人」看責任逃避心理

高度自我中心反映在人格上，形成了權威人格，而不幸地，作為明朝的皇帝，他身上真的擁有絕對的權威。雪上加霜的是，崇禎皇帝具備一定的聰明，他將聰明都用在挑人家毛病的查察上，別人說了什麼話、給了什麼意見，他有足夠的聰明可以聽出、找出其中不足之處；別人做了什麼事，他也有足夠的聰明立即想到做得不夠周延的部分。

到處都看見別人的錯誤，不斷被別人的錯誤惹怒，不斷地運用他的絕對權威施以懲罰。如此他必然聽不進別人的建議，而他做的任何決定，從他的角度看去，必然得不到徹底、完整的執行。他看不到自己任何的責任，也絕對不願意承擔任何的責任，逃避責任成為他心理機制中的第一選擇，一定要將責任推出去，推到別人身上，他才活得下去。

崇禎十年，他聽從建議任用了熊文燦，到崇禎十三年十月，熊文燦被殺了。從史料記載上看，無論是人格、思想或行事風格上，袁崇煥和熊文燦都相去甚遠，不過他們生命的終結方式卻是一樣的——都是因為擔任總督軍務時所犯的錯誤而被皇帝下令誅殺的。崇禎皇帝在位期間，另外還有鄭崇儉、劉策、楊一鵬、范志完和趙光抃，總共七個人，都因為總督任內的錯誤而被殺。總督的位階多高、權力多大，能當到這個位階的人沒有多少，他們竟然都那麼糟糕、那麼無能？真的那麼糟糕、那麼無能，這幾個人又是如何當上總督的？

看一下其中的鄭崇儉。他總督陝西三邊軍務，是負責圍堵張獻忠勢力的，成就很高，號稱「未失一城、喪一旅」（《明史・鄭崇儉傳》），卻因為在追擊張獻忠部隊幾次大捷後，留守的軍隊先行返還使得亂事又起，就被告了一狀，說他太早撤兵。皇帝立刻將他召回，後來下獄，罪名是「縱兵擅還，失誤軍律」，很快判定「立決」，意思是甚至不等到傳統上認定可以問斬的秋天，如此迫不及待將他處死。他是在農曆五月初夏行刑的，離入秋還有很長一段時間。

除了七位總督之外，崇禎皇帝還殺了十一位巡撫。[19]而負責審訊、刑殺這些人的刑部呢？在《明史・喬允升傳》中算得清清楚楚：「帝在位十七年，刑部易尚書十七人。」平均一年換一位刑部主事者。第一任薛貞是熹宗朝留下來的，屬魏忠賢的黨羽，所以被撤換誅殺，這還有道理。第二任是蘇茂相，他從戶部尚書轉任刑部，才任職半年就被罷免。第三任王在晉還沒正式上任，皇帝就改變主意將他調到兵部。第四任是喬允升，和前面提過當閣臣的劉鴻訓一樣，在任內被遣戍流放。

下一位是韓繼思，因皇帝對刑部議獄的結果有意見，他就被革職了。接任的是胡應台，他在史書中得到的記載是「獨得善去」，竟然能夠好好做完刑部尚書沒有出事，多麼難得！

下一任馮英，和喬允升一樣，任內犯錯遣戍；下一任鄭三俊，和韓繼思一樣「坐議獄」，但不只革職，還因而坐牢。再來的劉之鳳也「坐議獄」，可是遭遇一個比一個慘，不只革職、坐牢，還被判處絞刑，在行刑之前就病死在自己曾掌管過的牢獄裡。

下一任甄淑，因為收賄被關進天牢，也病死在獄中。下一任李覺斯又「坐議獄」，不只革職，連科舉功名與官員資格都沒了，但至少保住一命，也沒有坐牢，還算是待遇較佳的。再下一任是劉澤深，任期很短就病死在任上。再下一任是鄭三俊復職，任期沒多久又改派到吏部。再下一任范景文剛任命還沒上任，又改派去工部。再下一任徐石麒「坐議獄」被免職。

接著還有胡應台，皇帝兩次要他當刑部尚書，他「再召不赴」，絕對不肯當。所以換成張忻來當，到他在任時，李自成攻陷了北京城，他成為明朝在北京的最後一任刑部尚書。

10 罰遠過於罪，試驗自我權力的界線

整理這份名單，最驚人的是其中那麼多人得到的罪名都是「坐議獄」，這又是讓我們深入了解崇禎皇帝的一條線索。刑部的主要職責就是斷獄，刑部尚書不「議獄」那要幹嘛？他做他被交付的工作，但只要他做出的決斷和皇帝的想法不一樣，皇帝就追究他的責任，嚴格懲罰他。

一任又一任「坐議獄」，我們不免好奇，這些人都是笨蛋嗎？沒有基本的政治敏感度，還是缺乏基本的學習能力？看到前任「坐議獄」被罰了，難道他們不知道或不懂得揣摩上意，為什麼又做出會冒犯皇帝的「議獄」結果呢？

這些當上刑部尚書的不可能都是笨蛋，也不可能接連幾人都不知道要靠揣摩上意來保護自己。那麼剩下唯一的可能性，就是他們知道要揣摩上意、他們也努力揣摩上意，然而怎麼揣摩都得不到上意的認同，都還是惹崇禎皇帝生氣。

19 《明史．顏繼祖傳》記載：「終崇禎世，巡撫被戮者十有一人：薊鎮王應豸，山西耿如杞，宣府李養沖，登萊孫元化，大同張翼明，順天陳祖苞，保定張其平，山東顏繼祖，四川邵捷春，永平馬成名，順天潘永圖，而河南李仙風被逮自縊，不與焉。」

這位絕對權力者有著完全不可測的態度，你這樣判會惹怒他，並不表示你反過來判他就會同意。他運用權力的主要方式，就是表現他的不同意。他高於任何人的判斷，並且對於他認定的錯誤，無限上綱地施加不相稱的嚴厲懲罰。他不只挑剔、苛刻，他看所有的人都不順眼。

他決定的罰遠過於罪。「亂世用重典」是基本的原則，崇禎年間社會上是開始亂了，不過官僚體系並不亂。然而皇帝動用重刑處罰的，不是流寇、不是女真人，那些他根本抓不到也處理不了，他罰的、甚至殺的，是自己的大臣。

如果說他的朝中真的有很多桀驁不馴的大臣，必須嚴格規範，不然就會濫權亂政，那或許還需要用這種方式恐嚇、約束他們，然而崇禎皇帝面對的，明明就是已經在絕對皇權下深受洗腦的一群人。正因為他們深受洗腦，崇禎皇帝才能夠要換就換、要殺就殺，換得那麼頻繁，殺了那麼多高官。

很明顯地，崇禎一朝誅殺那麼多大臣，不只全是不必要的，不只是沒有國家治理上的道理，甚至從鞏固統治的角度看，也沒有任何意義。因為崇禎皇帝和萬曆皇帝一樣，從來不曾有過任何統治權力的危機，不曾有任何因素威脅到皇帝的絕對地位。

所以對於他的行為，只能從個人心理狀態上解釋。那是一種自我保護的絕對狀態，他眼中堅持絕對的是與非，而自己必須、必然是在對的那一邊。他確認自己存在的主要方式，是不斷試驗自己握有不讓任何人能否定、反抗的權力。

11 三餉並徵，崇禎君臣給李自成的大禮

擴大來看，崇禎皇帝的風格在歷史上不完全是特例，毋寧是絕對權力的共同人格傾向。一般人在日常生活中都必須理解自我權力的界線，你知道哪些是你可以規定、可以決定的，在這一小塊區域之外，都是你的權力無法企及之處，你只好聽別人的，只能被動接受。然而絕對權力者的生活中沒有這種固定界線，因而產生了對他們的持續誘惑——想試探難道有什麼是我不能做的？我的權力到底有什麼限制？我真的什麼都能做嗎？會不會有什麼事情是我不能做的？

無論他已經擁有多大的權力，他都要去試驗既有權力範圍以外的。毛澤東是最凸顯的例證。他打造了一個黨，黨是他完全支配的權力機構，然而有一天他突然意識到自己必須透過黨來行使權力，黨在他眼中就變成了限制。所以他要試驗自己能夠操控黨的權力界限到哪裡。平常要黨向東就向東，向西就向西，那麼如果要黨去跳海呢？我有這個權力要黨自我毀滅，或乾脆依照我的權力意志毀了這個黨？黨可以抗拒我要毀滅黨的意志嗎？如果我不能毀滅黨，那就證明我的權力受到黨的拘束，我的權力就不是絕對的。於是他發動了文化大革命，用紅衛兵這種體制外的力量，摧毀了黨，也造成了十年的中國災難。

絕對權力者感染了一種神經質，不斷去試驗權力的邊界，崇禎皇帝身上明顯有這樣的神經質

反應。在位十七年，比起他的祖父萬曆皇帝，他可以說是勤奮百倍，做了很多事，光是不斷地人事調度，任用這個、罷黜那個，加上流放這些、誅殺那些，就夠他忙的。他很忙，然而他做的所有事情都很草率。

和明朝最終滅亡關係密切的一件事，就是「三餉」——「遼餉」、「剿餉」和「練餉」，這是因應三項特殊開支而來的加賦。遼東問題需要錢，圍剿流寇需要錢，各地練兵需要錢，原本就極度不穩定的國家財政當然無法支應。

「遼餉」在萬曆朝後期便已經開徵，「剿餉」和「練餉」是崇禎皇帝時再增添的。「三餉」帶給農民很沉重的壓力。看一下崇禎十年所訂的「剿餉」，共分為四種方式增加國家稅賦收入。

第一種是「因糧」，按照原本要徵收的實物提高比例。第二種是「溢地」，用土地面積來計算，有多大面積的土地就必須添繳多少錢糧。第三種是「事例」，那是賣身分，朝廷將「監生」的身分資格賣給有錢人，出得起錢的人就能捐得「監生」地位。第四種是「驛遞」，藉由撤銷一部分驛站系統而省下來的錢。

這四種辦法加在一起，稱為「剿餉」。朝臣將辦法呈給皇帝，皇帝的反應是：這樣人民會很苦啊！不過他的體恤得到的結論不是：那就不要開徵吧，也不是：那就另外想別的辦法；而是：「暫累吾民一年。」（《明史．楊嗣昌傳》）那就只徵這一年吧！

一年過去了，「剿餉」沒有廢除，而是下令減半徵收。但減半之後朝廷用費不足，於是又另外開徵「練餉」，表示將練兵的費用另外分出來，從土地上徵收。大臣給皇帝的說法是，地主都是有產業、有財富的人，依土地徵收只影響到這些地主。

但接下來，在以「剿餉」數額為基礎來計算「練餉」徵收額度的過程中，為了增加「練餉」，又將本來減半的「剿餉」恢復全徵了。所以加了「練餉」，卻沒有減「剿餉」，實際上是「三餉並徵」。因為分成三種不同的稽徵方法，大幅加重了官僚體系的負擔，導致無法核實，必定在過程中產生許多弊端與不公的狀況。除了增加負擔之外，還刺激出更強烈的民怨。

崇禎皇帝對於人民的照顧，似乎停留在心情上，不會落實在行事上。徵一年、減半徵、多徵「練餉」、又恢復全徵，這過程很倉促，不規劃、不討論，也在皇帝面前無從規劃、無從討論，都在忙碌中快速定案。

於是流寇新建的政權，光靠一個「迎闖王，不納糧」的口號，就突破了原本占領的地區，擴張到更廣大的範圍。這是崇禎君臣送給李自成的大禮，不顧人民感受而草率加徵錢糧，以至於人民覺得只要能夠「不納糧」，其他什麼都可以接受了。

流寇攻入北京城，在煤山上吊自殺前，崇禎皇帝留下的最後遺言，仍然是在為自己開脫責任，說：「皆諸臣誤朕。」（《明史・莊烈帝本紀二》）弄到亡國了，依然所有的錯都是別人的，和他無關。尤其令人心寒的是這個「皆」字，一竿子打翻一船人，除了自己不能有任何責任外，朝臣沒有一個不是壞蛋。這話最精確地反映了崇禎皇帝的極端個性。

不一樣的中國史 ⑪
從光明到黑暗，矛盾並存的時代——明

作者 / 楊照

副總編輯 / 鄭祥琳
編輯協力 / 陳懿文
封面、內頁設計 / 謝佳穎
排版 / 連紫吟、曹任華
行銷企劃 / 舒意雯
出版一部總編輯暨總監 / 王明雪

發行人 / 王榮文
出版發行 / 遠流出版事業股份有限公司
地址 / 臺北市中山北路一段11號13樓
電話 / (02)2571-0297　傳眞 / (02)2571-0197　郵撥 / 0189456-1
著作權顧問 / 蕭雄淋律師

2021年 8 月1日 初版一刷
2021年11月5日 初版二刷
定價 / 新臺幣380元 (缺頁或破損的書，請寄回更換)

ISBN 978-957-32-9217-3

遠流博識網
http://www.ylib.com
E-mail: ylib@ylib.com
遠流粉絲團 https://www.facebook.com/ylibfans

國家圖書館出版品預行編目（CIP）資料

不一樣的中國史. 11：從光明到黑暗，矛盾並存的時代-明 / 楊照作. -- 初版. -- 臺北市：遠流, 2021.08
面；　公分.
ISBN 978-957-32-9217-3(平裝)

1.中國史

610　　110010975